QUALITY SPEAKING SKILLS

質感說話課

言語的溫柔力量，
是送給自己和他人
最美的禮物

潘月琪 著

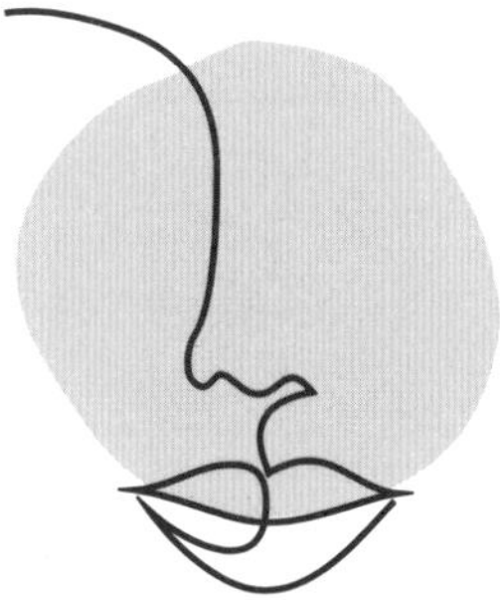

各界推薦

我認識的潘月琪不只是一位機智幽默又風趣的主持人，也是相當感性、充滿義氣與溫度，但內心又時常上演一齣齣小劇場的專業口語表達訓練講師。

我曾一度很害怕和月琪碰面吃飯，因為每每就是一段數小時看著窗外天色變暗的endless talk，我們的對話就像忘了關的水龍頭一樣，不用刻意想話題，其中也穿插著她對於工作的心得與感想，更包括關於出版這一塊。

其實早在十多年前就耳聞月琪要出書，一直到我出完第六本書之後才見她要從樓梯走下來出版（月琪也總是我新書發表的最佳主持人），但也許是最好的時機，因為有太多精彩的故事和人生經驗，在這本以「質感說話」為名的書裡娓娓道來，溫柔說話的力量其實有時會拳拳到肉抑或充滿啟發，而這位以說話為業的俠女，其文字功力不亞於她的說話專業，豐富閱歷與閱聽也為文字更添豐盈魅力，十年磨一劍的精彩待您發現。

——吳東龍／設計觀察作家、《遇見設計》主持人

二〇〇七年選秀節目正熱門，我被邀擔任台灣《超級偶像》的評審，在我心中，評審就是要把選手的優缺點說出來，優點給予肯定，缺點給予建議，如此簡單而已。但是幾集下來，有一位唱片圈的大前輩告訴我，這樣的表現在節目裡太素太單調，必須要有哏、有設計。這可難倒我了，要將一位選手的「音不準」說成「你的火車沒在軌道上」，或「節奏不好」改成「節奏像打棒球，但你的揮棒太快了」，實在有難度。

當時發現，除了音樂專業外，還得具備口語表達專業才行。更有許多「親友評審」給了我很多寶貴意見，包含講話的語調太低、音量太小、音色暗啞不好聽、鼓勵語氣太像責備、建議缺點部分太過溫柔等等。當時的「全民評審」除了評選手外，還包含講評評審，說真的，我差點被嚇跑。

十幾年後，我在正念認知療法（ＭＢＣＴ）師訓工作坊認識了一位朋友「潘月

琪」，知道她入圍過很多獎項，還發表了具影響力的TEDx演講，並即將出版個人著作，我一看之下，這就是十三年前我碰到的所有困難的總和，在她書中一一得到了答案，只能說「相見太晚」。但月琪說，其實很久以前主持廣播時就訪問過我，又只能說「有眼不識泰山」。如果早一點出版這書，我就不用經歷那段擔任評審的漫長痛苦期。

這本新書《質感說話課》，我相當喜歡，有次第的學習系統、解說清楚、文筆優雅，而且親切幽默，跟我認識的月琪幾乎是「人書合一」。私底下認識的她就是一個熱情慈愛還兼具美貌的女生，而且據說曾有男生搭訕她時，竟然還反過來被她訪問，實在很有意思。

謝謝月琪邀請我寫推薦序，我極力推薦給想增進自己表達能力、公眾演說能力的專業人士，還有想要促進良好溝通、人際關係的朋友，以及純粹只想把話說好的每一個你。

——**林隆璇**／**知名音樂人、台南應用科技大學副教授**

出第一本書的時候，我上月琪的電台節目進行訪談，她笑容溫暖、談吐幽默、氣質知性，讓人一秒就愛上。後來，我的新書發表會交給她主持，而我人生最重要的婚禮，也慎重地交給她，只有月琪才能讓我放心。月琪不負所託，果然成就了我的終身大事，我的婚禮溫馨高雅，充滿笑聲與感動的淚水，令人難忘。我享受每次與月琪的交流，那是溫柔的對話，也是有質感的時光，心裡有傷的地方彷彿被溫柔療癒，重新有了力量。月琪的書千呼萬喚，總算等到了。在這裡我一定要進行一個推薦的動作！（月琪老師會說：贅詞太多囉！）翻開《質感說話課》，你會不想下課！

——**劉中薇**／**知名編劇、作家**

我是一個聲音教練（vocal coach），工作就是「聽人的聲音」，聽到每一個聲音我都會去感受：「這是一個什麼樣的人呢？」

第一次遇到月琪，是上她電台的專訪，聲音如鈴鐺般輕輕地從唇齒中流瀉出來，我的腦子開始分析：「哇！這個女子的聲音好知性又好甜美，靈魂輕盈就像一隻月光下的小鹿，是什麼樣的陽光、空氣、水，滋養成這個聲音？」那是一個很美麗的受訪經驗。

相較於我之前與媒體接觸的緊張跟不知所措，月琪的提問，總是溫暖地捧著你，讓你的言語可以任意飛翔，問題的前後安排又讓聽眾可以輕易領會，這就是月琪聲音質感的功力跟涵養。我打開這本書，聞到裡面的清香，期待你們跟我一樣，享受月光小鹿在書中的曼妙文字。親愛的月琪，終於等到妳的好作品，無限祝福！

——**魏世芬**／**聲音詮釋指導**

目錄

chapter 2

聰明建立連結

chapter 3

對話的藝術

chapter/4

建立自己的言談風格

〔前言〕用言語呈現真實、美好又有質感的自己

因為工作緣故，「與人交談」佔據我人生極大的一部分，這樣的狀態從職場延伸到日常生活。比方，我的髮型師會揮舞著剪刀說：「每次都好期待幫妳剪頭髮，跟妳聊天可以增廣見聞，還可以學到怎麼跟客人應對，這樣說來，應該我要付妳錢才對吧？哈哈哈！」

我的牙醫則說：「潘小姐，跟妳約診時間太短了，都不夠聊天。」

非常感謝他們這麼說，當下我只能點頭表示認同，因為頭一晃動，髮型可能會剪歪，而牙醫塞在我嘴裡的固定器還沒拿出來。

我想起一位朋友是金融界高階主管，身材高眺，輪廓深邃，年收入令我難以望其項背。某天，她苦惱地說：「月琪，不知為何，大家好像都很怕我。下了班，想找人喝酒聊聊天，公司同事都說有事；好想交個男朋友，去了幾次相親飯局都沒有

下文。妳說說看，問題究竟出在哪啊？」

人際關係和感情緣分很難說得準，不過我發現她在說話時，聲音線條十分僵硬，感覺很嚴肅，每句話都很快收尾，隨時像上司對下屬發號施令。對話時，無論聊什麼話題，很難從她的臉部表情看出情緒。當她講完想說的話，便毫不眷戀地掛斷電話，很少關心朋友最近過得如何。我想，只要從這些環節調整一二，她期待的友誼和感情可望翩然而至。

我不是心理師或情感專家，我只是曾經主持廣播節目十七年，發表過TEDx演說，主持過上百場活動，也是一位口語表達訓練講師，專門引導大家縮短心和大腦到嘴巴的距離，以及探索「說話」之於各種情境關係的謎團。

在外界眼中，我看似自信又有活力，彷彿扭開水龍頭，得體機智的話語就會源源不絕。其實我和正在閱讀此書的你一樣，面對職場環境、社交生活與親密關係，常在波濤洶湧的「言語之海」載浮載沉，得靠經驗和智慧判斷天候海況，以求安全航向未知的彼岸。

生活有時風和日麗，聽到一句真誠的讚美，心裡就開出一朵花。有時烏雲密佈，因為一句體貼安慰，在黑暗隧道裡看見微光，又有勇氣往前行。遇到粗糙尖銳的言語，像被突來的狂風暴雨襲擊，也會遍體鱗傷，驚魂未定。

二〇一七年，我受邀前往中國蘇州發表TEDx年會演說，策展人提出邀請後，我的內心常浮現「言語的溫柔力量」這句話，成功說服策展團隊接受這個乍聽之下「有點抽象」的講題。演講當天我感冒未癒，覺得自己表現不盡理想，沒想到這個主題引起比預期更大的迴響和共鳴，回到台灣，我與不少朋友及學員分享這個理念，很驚喜獲得許多認同。原來大家都知道口語表達很重要，只是不清楚該從哪些地方改善。還有，言語究竟可以發揮哪些正向力量，該如何好好使用它。

二〇一九年，我進修牛津大學正念中心（OMC）來台舉辦的「正念認知療法（MBCT）」第四階段師資培訓，每到午休時間，來自兩岸四地的夥伴們熱切交流，討論未來該如何運用所學結合自己的專業，讓大家的身心更健康。如果要說哪裡可以聽到充滿溫暖、正向又有質感的話語，莫過於這樣集結一群有心助人又上進的學習場合了。

午休時間，我扒著便當，隔壁一位資深心理師突然問我：「MBCT是為了預防憂鬱症復發，ＭＢＳＲ（正念減壓療法）起初是為了失眠問題而出現。妳投入口語表達教學是希望解決社會什麼問題呢？」

真是很棒的提問！願意花大量時間投入某件事，通常隱含更深刻的意義與需求。有時我們太專注於日常任務而忘記初衷，若有人提出清晰且善意的問題，可以刺激我們再度思考。

我想了想，回答對方：「我發現大多數人只把言語表達當作獲取工作、名聲、促成交涉目標的利器；透過交談，只想從對方身上得到些什麼，少了待人的溫柔與耐心。有些人並沒有意識到自己的措辭和口吻令人不舒服，往往成為傷害他人的武器。我們每天說那麼多話，如果能了解自己說話的狀態，讓吐出來的言語更有質感、更有溫度，注入鼓勵、療癒、陪伴、善意這些利他的心意，會從中更了解自己，更同理他人。當人際關係和諧，身心健康也會獲得改善，整個世界就會更加和平安樂。這樣算是有解決社會問題嗎？」

「當然算！這個立意太棒了，希望妳繼續堅持下去，改天我也要來上妳的課。」

隨著生命歷經轉折，我對口語表達的興趣越來越熱切，我發現自己並非想教出更多「口才更好」的人，而是願意「用言語表達愛」的人。口語表達若只停留獲取知識資訊、人脈資源、事業成功的層次，十分可惜。有了這層體悟，我的工作內容也有了截然不同的開展。

多年前，我在學學文創（Xue Xue）開設「打造你的風格主持力」課程，協助學員找出個人的說話習慣及主持風格。後來規劃「人物訪談力」主題，針對高品質的人際對話及媒體訪談，進行案例分析與提問演練。去年起，我進一步推出「質感說話課」，希望透過傳遞更優雅細緻的談吐，幫助大家呈現真實、美好又有質感的自己。不久的未來，我會花更多時間分享言語表達與身心之間的關聯，這將是一門終身受用、越陳越香的學問。

若想更快樂，內心更平靜，社會朝向更好的方向發展，需要喚醒大家與生俱有、只是很少被提及的言語溫柔力量，而我們可以先從學習「有質感的說話」開始。

何謂有質感的談吐？我相信裡面一定蘊藏了某種「優雅」。知名導演李安曾說：「我覺得任何一樣東西，做到比較好的層次，都是很儒雅的，至少我們講究它有一種儒雅的氣質。」無論優雅或儒雅，都呈現出一種細緻的質地，一種講究，一種較為圓潤、讓人覺得舒服自在的說話方式。每當學員問我該如何淬鍊說話能力，我常回答：「言語是最終的外顯成果，就像樹上的果實。想要得到香甜可口的果子，先得用心灌溉，給予土壤豐富優質的養分。」而撰寫這本書的初衷，就是希望能夠提供這樣的養分，至於會結出什麼樣的果實，我與你同樣期待。

為了提升學習信心，以下我列出學會「質感說話」能夠獲得的益處，歡迎你在生活實踐之後，自行補充更多體會和優點。

培養「質感說話」的好處包括：

- 加深原有關係的連結
- 開創事業及人生新契機，增加幸運的機率
- 提升自我價值感
- 言行更優雅
- 更能看到他人的優點

- 為自己發聲
- 為有意義的理念及族群發聲
- 更懂得透過言語，付出愛與支持
- 把時間拿來說更有意義的話
- 更懂得保護自己珍貴的言語能量
- 培養仁慈的心
- 遇到事情，採取更和平的「非暴力溝通」

關於「質感說話」的迷思，可能有以下幾項，請不用擔心，本書中會協助大家撥開迷霧與擔憂。

- 講話只能輕聲細語
- 咬文嚼字，掉書袋
- 沒有「人我」界限
- 需要偽裝真實的自己
- 只能對外呈現最好的一面

- 不能罵髒話
- 聲音不夠好聽，別人就沒興趣聽我說話
- 遇到衝突情境，為了和諧，放棄為自己喉舌

我在本書中，歸納出邁向質感談吐的四大修練，包括探索你的口語表達習慣、聰明建立連結、對話的藝術，最終建立你個人的言談風格。你可以循序漸進，依照順序閱讀本書，或直接選擇你比較有興趣、或正面臨挑戰的篇章來閱讀。看完書，在生活感受一段時間，再回頭做驗證。

①探索你的口語表達習慣
②聰明建立連結
③對話的藝術
④建立自己的言談風格

美國前總統約翰．甘迺迪在登月計畫發表的演講曾說：「我們選擇在這個年代登月，不是因為它簡單，而是因為它困難。」要實踐「質感說話」在生活中的各個

情境，坦白說，並不是件容易的事。需要有一顆堅強又溫柔的心、成熟的態度、對自己誠實，並有勇氣展現真實的自己；要有能力觀察他人與周遭環境，還要有尊重他人、愛惜他人的意願。不過，所有困難的事情，有其珍貴的價值，拉長到一輩子的時間長河，值得我們用心學習。

我們在這世界與他人緊密相連，息息相關，在眾聲喧譁的年代，開口時，多注入一些言語的質感，讓整個環境的氛圍更有美感，人際關係更融合。

最終，質感說話，是一門如何表達愛的藝術，包括愛自己、愛他人，愛我們所處的世界。本書提供一個起點，好好出發吧！祝福你盡情享受這門說話藝術，用言語呈現真實、美好，又有質感的你！

chapter 1

探索你的口語表達習慣

控制自己的說話音量

「如果我放聲大喊，上界的天使隊伍中有誰會聽見我呢？」
——知名德語詩人／里爾克（Rainer Maria Rilke）

許多人對自己的身材變化十分敏銳，臀部胖了半吋，皮膚比昨天暗沉，一眼便知。有趣的是，我們每天說了那麼多話，卻很少意識到面對不同場合、情境和聽眾，自己講話的音量是否適中。

若想清楚表述一件事情，達成良好溝通，「順利被聽見」絕對是首要條件，不是把你想講的內容「和盤托出」就功德圓滿，還要對方聽進去才有意義。

仔細回想，你比較常被別人提醒哪一句話：

「可以請你小聲一點嗎？」

「方便講話大聲一點嗎？」

音量太小，即使你滿腹經綸，對方根本沒聽到，也是枉然。音量太大，帶給人壓迫感，聽眾為了避開這種不舒服的感覺，會把耳朵關上，或乾脆逃離現場。先了解自己屬於天秤的哪一端，才能因應各種情境做調節。體貼地避免考驗他人的聽力和忍耐力，你便向「質感談吐」邁開重要的一步。

從事口語表達工作多年，我發現很多人講話聲音偏小，原因多半出於緊張、個性內向、對於要講的內容不夠熟練或沒把握，導致聲音「悶」在喉嚨裡出不來。尤其第一次上節目、公開演說經驗較少，以及談話對象令人畏懼，情況會更嚴重。

還有一種情況，剛開始音量正常，講到後來越來越小聲，最後只能讀他的唇語了。

如果在錄音室裡，我們可以透過後製和調整麥克風位置，讓音量達到想要的效果。回歸日常生活，掌握聲音的收放狀態只能靠自己。要做到這點，最基礎也最重要的功夫，就是好好學習控制呼吸，就像你想把舞跳好，一定得鍛鍊身體的核心肌群。

人體就像一台精緻的手風琴，體內空間好比一個大型風箱，當你吸氣時，氣流從鼻腔或口腔，通過咽喉，聲帶，氣管，進入肺部，此時肺部會擴張，進而影響橫隔膜，使其下降，你的體內就開闢出了一個寬廣的空間。吐氣時，肺部收縮，擠壓氣流，氣流通過這些器官，從鼻腔或口腔出來。

呼氣與吸氣之間，氣流在這個共鳴箱裡迴盪，並與牙齒、舌頭、嘴唇、聲帶、聲門等眾多「發聲器官」互相碰撞，便交織出聲音的強弱效果，如同樂手們來回拉動與擠壓手風琴的風箱，再搭配按壓琴鍵，因而流瀉出美妙的樂音。

為了讓體內的共鳴箱擴大，容納更多氣流，特別推薦歌手和表演工作者常運用的「腹式呼吸法」。多練習腹式呼吸，將有能力詮釋更多發聲細節，控制說話的強弱和速度，說話也能更持久。

該怎麼進行呢？吸氣時，盡量讓鼻子吸進來的空氣下沉到丹田的位置，也就是武俠小說常出現的台詞：「氣沉丹田」。好的，我彷彿聽到大家慌張地問：「丹田在哪裡？」丹田是個微妙的所在，以東方道家的解釋，丹田在肚臍下方約兩至三寸、往身體內部走，直到和「會陰」上方交界之處。暫時無法精準體會沒關係，只要先想像吸進來的空氣深深地往下沉到腹部即可。

吐氣時，想像氣流是從腹部往上走，透過嘴巴或鼻孔，緩慢且均勻地把氣吐完。如果做得正確，吸氣時，腹部會自然向外延展，肚子會鼓起來；吐氣的時候，腹部向內收縮，肚子會往內凹進去。

初期練習可用嘴巴吐氣，等熟練之後，再改成鼻孔吐氣。把手掌放在肚臍下方，可以更清楚感受腹部的起伏變化。

關於呼吸節奏，先嘗試吸氣一個八拍，接著閉氣兩拍，再用兩個八拍吐氣。如果做起來很輕鬆，恭喜你！再加長吐氣的時間，變成一個八拍吸氣，三個八拍吐氣；漸漸地，變成一個八拍吸氣，四個八拍吐氣、五個八拍吐氣，以此類推。

若感受不到腹部的起伏，這很正常，千萬別沮喪，試著平躺在床上做練習，通常身體只要躺平，就會從比較淺的「胸式呼吸」，自然變成腹式呼吸。在我心中，嬰兒堪稱「腹式呼吸大師」，有機會不妨觀察這些可愛的小寶寶們，所有嬰兒隨時都在做腹式呼吸，聽聽他們的哭喊聲，彷彿身體內建擴音器，多麼嘹亮啊！

「可能是嬰兒的頭、胸和腹部的距離特別近，不費吹灰之力就可以氣沉丹田了！」我時常這麼想。

記得金城武在廣告中的台詞：「世界越快，心則慢。」呼吸練習也一樣，盡量控制力道，慢慢地做，去感受身體每一刻的吸吐變化。很多人說話一下子就沒力了，就是因為呼吸太短淺，每次氣吸進胸腔就停止了，這樣需要更頻繁地換氣，說話容易累，音量也會相對比較小。

請再次發揮想像力，每個人都有兩條聲帶，它們就像兩條弦，當你講話時，手同時放在喉嚨的位置，會清楚感受到震動，這代表左右兩條聲帶有接觸到，當聲帶互相接觸，氣流產生振動，就能發出聲音。

有位學員告訴我，他不是內向的人，也常做運動，肺活量沒問題，但明明已經很用力發音了，聲音還是很微弱，每次上台做簡報，氣勢總是差了一大截，在稍微吵一點的環境跟人交談也很吃力，令他十分沮喪。聽他說話時，確實「氣音」居多，讓我想起風吹過竹子的中空處，有虛無飄渺的空靈感。如果長期如此，很可能是天生聲帶的結構位置或後天聲帶受損所造成。

如果先天聲帶位置異常，或左右邊的聲帶肌肉彈性不平均，導致無法彼此碰撞，或摩擦力道太小，講話音量就會比較小聲，甚至出現上述學員的「氣音」問題。發聲異常有諸多成因，有相關困擾的朋友，建議到醫院耳鼻喉科做個檢查，必要時，請語言治療師協助指導正確的發聲技巧，有望獲得一定程度的改善。

說話太小聲，造成溝通阻礙，太大聲也不妙。聲音是一種「波」（wave），音波太強，聽眾聽了刺耳，心臟也可能被「震」得不舒服。普遍來說，講話聲音小的人比較有自覺，反而講話大聲的人，對於自己的音量造成他人不適，卻沒有太大感覺。

我曾經參加一場新書講座，作者第一次出書，顯然非常興奮，講話頻率一直處在高亢激昂的狀態，幾位觀眾不時摀著耳朵，似乎跟我一樣不太舒服。

寫書和辦活動很辛苦，如果只因為音量問題，造成聽眾流失或反感，實在很可惜。於是我私下跟工作人員反應，建議他們把麥克風的音量調小一點，或提醒作者把音量降低，遺憾工作人員聽不出差別，作者本人也沒有意識到這點，我繼續待了十分鐘，情況絲毫沒有改善，終於起身離開，等我走出大門，那幾位觀眾也隨後離去。主辦單位和講者一定料想不到，現場讀者漸漸變少，竟是疏忽音量品質的結果。

為了不讓以上憾事發生，從事任何公開演說或教學工作，請盡可能提早到現場，親自拿麥克風講幾句話，仔細聽自己的聲音從喇叭放出來迴盪在空間中的音量品質，也麻煩工作人員在場內走動一下，聽聽看不同位置的音量是否平均。縱使不是每個人對聲音都敏感，然而「天使藏在細節裡」，關心他人聆聽的舒適度，是一種體貼，一種專業，更是質感談吐的細膩表現。

想要咬字發音漂亮，別讓舌頭躺在沙灘度假

「若要掌控你的嘴巴，必須知道每當你張嘴說話時，你的嘴巴究竟是如何運作的。」

——加百列・懷納（Gabriel Wyner）作家及歌劇演唱家

人類有種天性，能坐著，就不想站著。有個笑話說得好：「在哪裡跌倒，就在哪裡……躺下來。」很多學生問我，怎樣才能咬字清楚漂亮？看著他們的嘴巴，有些像尚未吐完沙的害羞蛤蜊，只微微打開一條縫，無論發任何音，舌頭彷彿正在沙灘度假，懶洋洋躺著，我不免合理懷疑他們偷學了腹語術。

咬字不清或聽不清楚而造成的誤會，多不勝數。某年，聖誕節即將到來，一位心理師接受記者採訪，他隔著電話侃侃回答，結果新聞出來，令他哭笑不得，報導是這樣寫的：「某某知名心理師建議，一個人過節，最好不要瀏覽色情網站。」你

猜到了嗎？原來，他說的是「社群」網站，不是「色情」網站。因為獨自過節的單身男女，心情可能會比較低潮，看到大家在臉書大晒恩愛，會更加失落，容易陷入自怨自艾的憂鬱漩渦。

這位心理師是我的朋友，口語表達能力很好，課堂上妙語如珠，那麼造成訊息傳遞「失真」的原因究竟出在哪裡？有幾種可能，除了說話者的咬字發音，還包括環境、通訊設備、聽眾的接收理解，雙方的身心狀態等等。

先說說「咬字發音」這件事。絕大多數的漢字發音是「一字一音節」，也就是一個字只能對應念出一個音，只要發錯音，就會完全變成另一種意思。若「上船」跟「上床」念得ㄢㄤ不分，整個意思可就天差地遠。為了順利傳遞你想表達的意思，請盡可能把字講清楚，免得造成啼笑皆非、甚至冒犯他人的誤會。

在眾多奧妙的發聲器官中，舌頭、牙齒和嘴唇，直接影響人們的咬字清晰度。說話時，我們有意識地控制呼吸，讓氣流在這三個部位迴盪碰撞，加上舌頭和嘴形變化，合作無間，方能發出字字分明、輕重有致的聲調語詞。

有趣的是，每個人都擁有差不多的發聲器官，為什麼咬字結果如此不同？

回顧我們的發音習慣，多半來自成長的家庭、周遭環境、學校老師，還有最常互動的人。舉例來說，我父母是台南人，我媽常這麼說：「月（ㄧˋㄝ）琪啊，媽媽去（ㄑˋㄩ）巷口洗頭髮（ㄏㄨˇㄚ），等一下再回來吃飯（ㄘㄨ ㄏㄨˋㄢ）喔！」接著見她挽著菜籃，踩著拖鞋，優雅出門去了。這口音，聽起來是不是很親切呢？

根據語言學家研究，台灣相鄰閩南地區，閩南地區並沒有「ㄈ」這個發音習慣，也沒有「ㄩ」這個音。因此「ㄈ」常常被發成「ㄏ」，「ㄩ」常常會被發成「ㄧ」。

另外，台灣和中國南方各省的方言，大部分也沒有「ㄓ、ㄔ、ㄕ、ㄖ」這樣的「翹舌音」。發翹舌音時，舌頭會向上翹起，但不用像發「ㄦ」這個「捲舌音」那麼往後捲。捲舌音發得正確，舌頭下方的韌帶會有更深的拉扯感。因此，當你的舌頭無精打采，舌頭前端碰觸到門牙、牙齦或硬顎，嘴形原本該稍微呈現「O」型，卻又朝嘴角兩旁鬆垮垮展開，就很容易發成「ㄗ、ㄘ、ㄙ」這樣的「舌尖前音」，結果就是「吃飯」講成「粗換」，「你要去哪裡」變成「你要棄哪裡」。

當理解這一切，不小心把「社群網站」講成「色情網站」，也就情有可原了。

所謂「有質感的咬字」，兩大關鍵就是有意識地運用發聲器官，把字咬清楚，以及把每個字的尾音「發完整」。比方「ㄈ」這樣的「唇齒音」，上門牙和下嘴唇的戲分很吃重，它們一定要彼此碰觸到，要相切，氣流擦過這幾個發聲器官，才能發出清楚漂亮的「ㄈ」。

最難把音念得精準又好聽是母音「ㄥ」和「ㄣ」，大多數人無法辨別它們到底差別在哪裡，只要遇到這兩個音，就好比男人被另一半問起「你昨晚去哪裡了」，很快含糊帶過。如果想把這兩個音發得漂亮，請多留一點時間把它們的尾音發完整，尤其是「ㄥ」這個音，把嘴巴打開，舌頭下沉，讓舌頭後方和喉嚨之間的空間大一點，氣流在口腔和鼻腔迴盪久一點，再講下一個字，說話質感一定會明顯提升。

咬字習慣一旦定型，並不好改，就跟牙齒矯正一樣，越年輕越容易調整。若想更上一層樓，或只想修正幾個錯誤發音，不妨試試坊間的正音班，或請專業老師指導。如果努力了好幾個月，還是無法改善，可能跟每個人天生的牙齒結構、舌頭長短和口腔狀況有關，建議尋找專業的語言治療師或耳鼻喉科醫師協助評估，進一步了解你的咬字慣性和發聲器官狀態。

「難道咬字不漂亮，人生就是黑白的嗎？」當然不是。並非所有場合都必須咬字完美無瑕，假使你參加久違的國中同學會，或跟死黨相約吃飯，大夥兒打打鬧鬧，嘻嘻哈哈，聊聊以前的糗事，這樣的場合不必太講究咬字發音，開心與朋友相處才是當下要務。人與人之間的溝通表達，還有很多其他因素可以輔助，我們盡己所能，有意識、有意願把說話清楚，這樣就很好了。

語言有地域性，不同圈子、不同文化的「審美觀」可能迥異，口音相似，會產生「We are the world」的和諧氛圍。譬如台灣人很少用捲舌音，假使你的工作和生活都在台灣，就無須刻意捲起舌頭：「你慢慢兒地說」、「這件事兒沒門兒」，這樣反而奇怪，會產生距離感。

還記得那位受訪時提到「社群網站」，結果被記者寫成「色情網站」的心理師嗎？後來他把那篇報導當作趣聞，偶爾與學生分享，總能博得滿堂大笑，心態非常幽默正向。他的咬字發音其實很不錯，那麼造成誤解的原因還有什麼呢？

想像一下，他講出來的話，透過空氣作為媒介，再經過語音通訊裝置「過濾」、「變形」，此時已經不是百分百「原音重現」，等記者聽到內容，再經由複雜的大腦「解碼」，由於無法看到對方的嘴形變化和面部表情，本來咬字清晰度有九十分，等傳到對方耳朵裡，可能只剩下七十分。若聽眾正處於吵雜的環境，又偶爾分神，僅剩的七十分最後又會剩下幾分呢？

我也是開始主持廣播後，才發現這個現象。有幾次我搭巴士和走進大賣場，聽到自己預錄節目的主持聲音從喇叭傳出來，某些字意連我自己都無法辨識，更何況是那些需要注意路況的司機、邊推著購物車邊想著晚餐要吃什麼的客人，或忙著結帳的店員呢？從此以後，如果看不見溝通對象，我會把語速稍稍放慢，把每個字講得更清楚，尤其留意每句話的最後一個字，盡可能讓訊息在傳輸過程中所遇到的干擾降到最低。如果對方還是聽錯，那就是本書另幾篇文章所要討論的範疇了。

從現在起，請把你的舌頭從度假狀態喚醒，鼓勵它好好執行任務，如此一來，你便又向「質感說話」邁出優雅的一大步。

掌握語速節奏，效法茶葉在壺中自在旋舞

「聲音的力量和節奏感密切相關。」——法國語音矯正師／尚・亞畢伯（Jean Abitbol）

我在廣播界的那些年，也幫電台廣告配音，客戶的想法非常可愛，既然花錢買廣告，當然塞進越多資訊越好。每次收到配音稿，我常倒抽一口氣，三十秒廣告竟出現超過兩百字的台詞！你可能好奇這樣的字數需要念多快，大概就像接到陌生的電話行銷來電，對方深怕你掛斷，便以連珠砲的方式介紹商品服務，差不多是那樣的語速再快一些。

知名溝通大師卡曼・蓋洛（Carmine Gallo）曾經提到，專業演說家一分鐘大約可以念一百五十到兩百字，講話比較快的人會到一分鐘兩百字。TED總裁暨首席策展人克里斯・安德森（Chris Anderson）則提到大部分演講人每分鐘約一百三十

到一百七十個字。潛能開發專家東尼・羅賓斯（Tony Robbins）早期在二〇〇六年的TED演說，每分鐘約兩百四十個字，至今他講話還是很快，聽完會促使人想馬上行動。而讓我超佩服的職業——拍賣官和夜市叫賣大叔，一分鐘可以高達兩百五十字，甚至更多，欣賞他們講話很有意思，嘴唇動得飛快，像被花豹追趕的羚羊。

聊到這裡，各位不難想像，如果想在三十秒講完兩百字台詞，而且要能一氣呵成又兼顧字字皆清楚，還要有餘韻展現抑揚頓挫，大概得請具備深厚相聲功底的資深演員出馬，比方李立群。

當年李立群幫柯達軟片拍電視廣告，十四秒內講了九十四個字，至今仍為人稱道。二〇一四年的電視金鐘獎，李立群受邀擔任頒獎嘉賓，他刻意重現這段經典廣告風格，二十六秒的致詞講了兩百一十八個字，平均一秒鐘超過八個字，全場掌聲雷動！

李立群所展現的演說技巧，是相聲表演藝術中的「貫口」，也就是把一大段話一口氣說完，台詞要背得滾瓜爛熟，咬字力求精準流暢，節奏明快，聽眾聽完拍案叫絕。這樣的表現方式，有點像口味特殊的甜點，製作難度高，吃起來令人驚豔，但連續吃五個可能會產生味覺疲乏，也不是每位廚師都能做得色香味俱全。

回到我的廣告配音經驗，以民營電台來說，一小時通常會安排三到四段廣告時間，每個廣告區段播放三到七個廣告不等。如果每則廣告都出現「高密度」的語速字數，最後的結果就是資訊量太龐大，聽眾什麼都記不住。所以，並不是提供越多資訊，就會產生最好的傳播效果，反而多些「留白」，讓配音員有空間為台詞妝點情緒張力，讓成音師加上音效配樂，作品效果會比過量的台詞堆疊要來得好。

希望說出來的話語，聽起來舒服悅耳，就好比茶葉在杯壺裡，要有優雅伸展的空間，取決於你有沒有留意到聽眾人數、年齡層、所處的空間情境，還有想傳達的內容類型，視情況彈性調整，絕不能用同一種語速「一鏡到底」。

大家常形容一個人講話沒有聲調起伏，聽起來平淡乏味，就像師父在念經。有機會不妨去廟宇走走，仔細聽聽看，有經驗的人在念經時，其實是有語速轉折和音調變化的。在此我要坦白一件事，偶爾我參加朋友的至親告別式時，除了一邊誠心祝願逝者安息，生者心靈安寧，也常默默觀察誦經或助念者的發聲狀態。念誦時，當事人不自覺使用適當的語速配置和呼吸運用，加上虔誠的心意，才禁得起動輒數小時的吟唱念誦，有能力念經的人，其實很令人佩服啊！

另外，現場人數和空間場域，是很多人忽略的問題。通常場地越大，聽眾人數越多，說話速度必須相對放慢，這牽涉到繁複的聲學原理。簡單地說，聲波透過空氣傳導時，碰觸到空間裡的任何物件，包括與牆壁之間產生反射，都會產生不同的聲波速度；聲波互相交錯影響，前一個音和後一個音重疊在一塊兒，會衍生出不同泛音，很容易聽起來糊成一片。一句兩句三句四句，假使整場演講都是如此，對講者和聽眾都太辛苦了。

多年前我主持一場企業活動，參與員工有好幾百人，地點選在地下室。主辦人告訴我，平常這裡是員工餐廳，我環顧四周，發現不妙！這空間雖稱不上「家徒四壁」，亦不遠矣。牆壁與天花板平滑光潔，幾乎沒有裝飾，桌椅是金屬製，全都是容易使聲波反射的材質。

主辦人繼續解釋，活動當天，這個區域將設置不同攤位，同時進行分組簡報，「主舞台」也打算同步進行另一項活動。在種種條件限制下，我建議更動部分流程，當天盡量擺設大小不一的物品和布織品，加上客戶原本訂製了一株巨大的「道具樹」作為主視覺，透過佈置，空間層次豐富許多，也幫助「吸音」。主持時，我刻意把說話速度放慢，並縮減講稿，讓迴盪在空間裡的聲音不至於太紛雜。

對某些話題感到興奮、情緒激動高亢時，語速容易變快，若運用得當，能製造激勵人心的效果。思緒敏捷、性子急的人，通常講話速度也比較快，我就屬於這類。後來我常提醒自己，運用呼吸來拉住即將脫韁的野馬——也就是舌頭，別放任本能恣意馳騁。嘴巴一直講，忽略聽眾的反應，講出來的話很難直達聽眾心裡，隨時發現自己講話又快了起來，可以停頓一、兩秒，做個深呼吸，好好整頓語速再重新出發。

每個人都有獨特的語速慣性，如果你向來講話慢條斯理，即使羨慕東尼．羅賓斯的表達張力，也不建議貿然仿效。突然加快說話節奏，但還不習慣快速換氣，嘴形變化忙不過來，反而容易吃螺絲，聽起來也不自然。有時間的話，不妨多聽現場演講、涉獵不同談話影片，除了知名演說家和談話性節目，電影裡的人物對白也很值得品味。找出自己欣賞的演說風格，觀察對方的語速，但不必執著仿效與自身特質相差太遠的大師名家。

我們不只活在台上，日常生活也隨時在對話。想成為有質感的說話者，請持續淬鍊敏銳度，不只觀察他人與四周環境，更要對自己保持覺察。

在此提供一個參考指標，講完話後，感受一下呼吸是否依然順暢？聲音依舊圓潤嗎？有沒有口乾舌燥？你駕馭的這匹馬還安穩走在石子路上嗎？跟熟識的朋友聊天時，問問對方聽完感覺如何，有沒有哪一段覺得你講得太快，讓人有壓迫感？慢慢就會拿捏出在不同場合中，最適當的說話節奏。

讀到這裡，是不是想泡杯茶，潤潤喉，拿出碼表測試一下自己的說話速度呢？祝福你在未來所說出來的話語，就如同在茶壺裡可以優游迴旋的茶葉，萃釀之後，是一杯令人回味再三的好茶。

專業術語太苦澀，請烹調成好入口的美味菜餚

「唯有當說話的人本身擁有紀律和知識，才能將兩者有效傳達給他人。」

——美國知名建築師／莎拉・蘇珊卡（Sarah Susanka）

我非常喜歡《福爾摩斯》系列作品，無論是柯南・道爾（Arthur Conan Doyle）寫的原著小說，或由英倫男神班奈迪克・康柏拜區（Benedict Cumberbatch，以下簡稱ＢＣ）主演的《新世紀福爾摩斯》影集。這位大偵探涉獵知識之龐雜精深，遍及冷門領域，比方他可以分辨一百二十五種菸草品種、英國各地的土壤成分、熟記倫敦所有街道地圖。只消看一眼，就能從對方袖口沾染的煙灰、鞋底的墨漬、手腕的膚色差異等細節，迅速推斷出對方的職業、曾做過的行為及事發時間。他無法理解，如此顯而易見的事實，為什麼大家都看不出來，或聯想不到呢？

對他來說，這一切太簡單，太理所當然了，以至發表見解，旁人如果不發問，他完全不覺得有解釋的必要。

合理推測，福爾摩斯可能是擁有高功能語言、認知、觀察及分析能力的亞斯伯格症患者，對社交意識淡薄，無法（或不願意）同理他人的情緒。他更可能具備「高功能反社會人格」，講出來的話才那麼讓人顏面抽搐，萬箭穿心！可憐的華生醫生，就算曾在阿富汗出生入死，面對這位好搭檔的毒舌嘲諷，也不免重傷頻頻。

「安德森，不要大聲說話，你拉低了整條街的智商。」福爾摩斯辦案時，曾對法醫安德森這樣說。華生，別傷心，你不是唯一中箭的人。

BC的嗓音和風采太迷人，觀眾輕易原諒了他所詮釋的福爾摩斯的直白無禮。回到現實世界，沒有人喜歡被當作笨蛋，若聽完一場演講，卻幾乎聽不懂，肯定心生挫折或開始懷疑人生。所以，分享任何知識想法時，請盡量體貼，說得淺顯一點，主動多解釋幾句，聽眾會感謝你，也絲毫不會減損你的專業形象。

長久以來，大眾有個誤解，以為談話中提到越多「艱澀難懂」的專有名詞，越能顯示自己很厲害。尤其對自己不夠有自信、越想被重視的人，越不自覺流露這樣的表達習慣。撰寫企劃案也是如此，費心堆砌迂迴拗口的長篇大論，殊不知這樣做，反而在你與受眾之間，築起一道高牆。

我知道許多時候，發言者並非刻意賣弄，每種行業領域都有獨特的習慣用語，長期浸淫在自己的圈子裡，「行話」不經意脫口而出，再正常也不過了。比如精神科醫師常用「病識感」這個詞，意指患者對於自身的健康狀況，是否有自我知覺能力。在新娘祕書的專業領域中，會出現「跟妝」、「不跟妝」這樣的專業術語，代表在整個婚宴及結婚儀式過程，新祕一直跟在新娘身邊，隨時為她補妝，注意造型；或幫新娘做完造型後，先行離開，等宴客前，才回到現場幫新娘換裝補妝。

某一年，台北市政府消防局邀我授課，為了了解消防人員在口語宣導上有哪些可改善之處，我請學員上台示範，他們派出經驗老道的教官，熟練帶著「助教」上場，並讓她平躺在地板上。各位先生女士，讓我們掌聲歡迎舉世聞名的塑膠人體模型——「安妮」小姐！

教官告訴我，消防人員經常需要到各地宣導防災急救知識，其中一項重要任務就是教導民眾做正確的CPR（心肺復甦術），以及使用「AED」的流程。程序是這樣的：

當有人心跳暫時停止，救護人員必須快速判斷這名患者的狀況，所以第一個步驟就是「叫」，要呼叫病患的名字，看對方是否還有意識，還有沒有呼吸。

第二個步驟，大聲呼救，請旁邊的民眾趕緊撥打一一九，同時請現場民眾幫忙拿ＡＥＤ過來。

第三個步驟，如果對方沒有正常呼吸和胸腹起伏，施救者必須當機立斷，以正確的姿勢對病患做胸外按壓的動作。

第四個步驟，打開ＡＥＤ電源開關，一片黏在左邊乳頭下方偏外側處，另一片黏在右邊乳頭上方。啟動ＡＥＤ時，ＣＰＲ按壓的動作要繼續，不能停止。

帥氣教官行雲流水說明完畢，並強調這是二〇一八年的ＣＰＲ新口訣：「叫，叫，壓，電。」我腦海只反覆回想：「什麼是ＡＥＤ？他剛剛講的是ＡＤＤ嗎？還是ＡＢＤ？」

「ＡＥＤ」是Automated External Defibrillator的英文縮寫，中文全名叫做「自動體外心臟電擊去顫器」，是一種操作簡易，體積輕便的緊急救護設施，對心跳驟停的患者施以電擊，幫助心臟恢復跳動，只要經過基本訓練，一般人和基礎醫護人員都能快速上手。

嚴格說來，無論中文全名或英文簡稱，對第一次學習CPR的人，都是陌生的語詞。因此我建議宣導人員未來介紹AED時，一定要放慢語速，咬字清楚，多提兩遍，最好用簡單的比喻幫助大家記住這台儀器，比方：「我們手中這台AED，是病患的救命符，你也可以叫它『傻瓜電擊器』，任何人都可以很快學會怎麼操作。」如果能現場展示實體設備，當然更好了。

自從教完消防局，我開始注意到捷運站、銀行、購物中心等公眾場合，都有AED的身影。它通常被妥善安置在玻璃櫥窗內，像羅浮宮的現代藝術品，下回不妨多加留意，或許哪天你也可以救人一命。

陳述事情時，我們彷彿化身為「知識列車」的駕駛員，列車上載滿各種資訊、故事、觀點，還有最重要的乘客（聽眾）。每位乘客東張西望，充滿期待，不知道目的地在哪裡，你必須掌握方向，生動地介紹沿途風景，讓乘客不打瞌睡，有技巧地帶領他們抵達目的地。

「準備好了嗎？讓我們出發吧！」

滿口專業術語，就像駕駛員對乘客的大腦不定時丟出「路障」。假若這輛列車出發點在台北，目的地是屏東，當你行駛到新竹，提到第一個專業術語，等於拋出第一個路障，聽眾的大腦會啟動本能，努力搜尋腦內資料庫，思索那是什麼意思。如果沒等聽眾理解，你也不加以解釋，又接著講下一個重點，故事列車繼續前進，情況會如何呢？

現在，車子來到嘉義，部分乘客可能還在新竹苦思，部分乘客順利跟上。此時，你拋出第二個路障，又讓部分乘客被第二個專業術語絆住，更別提那些還卡在新竹的乘客。一次、兩次、三次……不多久，乘客們就會放棄聽你高談闊論，進入神遊狀態。最後抵達目的地時，還保持意識清醒的乘客只剩下寥寥無幾，不是很可惜嗎？

體貼高明的表述者，都具備深入淺出的「知識轉化」能力，你可以經常練習，看有沒有辦法把工作上會提到的專業術語，用其他說法再形容一遍，也就是「換句話說」。優秀作家擅長使用「譬喻」，多閱讀文學作品，讓豐富的語詞養分，擴大你的想像力。

最後，請發揮同理心，並非人人都是福爾摩斯，即便是頂尖偵探，也有不懂的事。讓我們降低苦澀的專業術語比例，細心烹調，撒點鹽之花，料理成好入口的美味菜餚，聽眾將永難忘懷。

清理你的廢語贅詞，言語更熠熠發光

「若眼前的物件無法再使你怦然心動，就勇敢丟棄它吧！」——日本收納整理專家／近藤麻理惠

日本「收納整理專家」近藤麻理惠以「若眼前的物件無法再使你怦然心動，就勇敢丟棄它吧！」的收納心法，帶動一股「斷捨離」風潮。我有朋友嘗試每天丟一樣不再需要或不適合自己的東西，才短短幾週，家裡從原本的雜物堆滿天，變成如禪修聖地般的清雅空間。

看得見的物件，容易評估，你大可以站在物品面前，一樣一樣拿起來仔細端詳，有疑惑的，先放進「待處理」的箱子裡，確定要丟棄的，扔進另一個箱子裡。不過，我們在說話時，語句中出現不必要的字詞，自己卻不容易發現。若想呈現有質感的談吐，必須認出自己最常講哪些贅詞，在什麼情況下特別容易出現？以及該如何改善？才能施以「斷捨離」魔法，幫助更重要的內容顯露出來。

首先，我想安慰各位，每個人或多或少講話都會夾雜一些贅詞，只是數量、頻率多寡，以及有沒有被發現的差異。

特別常見的贅詞有：「然後」、「而且」、「再來」、「這個」、「那個」、「嗯」、「啊」、「ㄜ」。另外，把「老實說」、「我覺得」、「我個人認為」當作開場白；也常聽到有人把「你懂我意思嗎？」當作結尾，每隔幾句話就出現一次。

為什麼會出現廢話贅詞呢？我喜歡用「開車」做比喻，人在講話時，就像駕駛一輛知識列車，行進間，駕駛人會想保持一致的速度，而車速就形同你的語速。倘若對接下來要表達的內容不夠熟悉、腦內字彙量不夠豐富，或者昨晚沒睡飽精神不佳，以至於突然忘記要講的話。為了不讓聽眾察覺這輛知識列車出狀況，腦子便會立刻「調兵遣將」，指揮你的嘴巴填一些字進去，好讓整體聽起來依舊平穩流暢，而這些幫忙「粉飾太平」的字句，往往就是沒必要的廢語贅詞。

每個人「偏愛」的贅詞各有千秋，再打個比方，我如果太忙，會不假思索從衣櫃撈出幾件常穿的衣服套上；飢腸轆轆的時候，大腦總先浮現那幾家熟悉的店、常吃的料理，下一步就會直奔那間店，點相同的餐點。贅詞也是如此，有人特別常說「而且」，有人喜歡用「然後」來連結上一句和下一句話，有些來賓在接受專訪時，會無意識在最後多說一個「對」字。

「請問您成立這間公司多少年了？」

「我成立這間公司已經十五年了。對！」

似乎多講「對」這個字，可以增加說服力，也為自己打一劑強心針。其實這麼做絲毫沒有幫助，反而容易讓人聽出你的緊張。

還有一種贅詞，彷彿是「橫空出世」的病毒，很多人都被傳染，對語法比較講究的人，一定很想殲滅它，那就是「的動作」這三個字。

「不好意思，現在為您做一個加湯的動作。」曾有人抱怨某間知名餐飲品牌的服務台詞太冗長，據說該品牌很認真做了改善，我仍然陸續從其他服務業聽到類似的說法，甚至從記者口中聽到這樣的語句結構。

字句越長，聽起來越委婉禮貌，但建議架構在合理的文法基礎上。「加湯」已經是一個動作，「現在為您加湯」就足以清楚表達，不需要再加上「的動作」來做補充，除非進行某種表演形式的演說，想刻意玩一些語言趣味，那也應該經過縝密設計，而非無意識地脫口而出。

贅詞太多還有一個缺點，人們的記憶力和注意力有限，贅詞頻頻，會讓聽眾忘記真正的重點在哪裡，如同美麗的花朵被一堆雜草所淹沒。更糟的是，假使你贅詞出現的頻率被聽眾抓出來，接下來對方會一直被那些反覆出現的「配角」瓜分注意力，偷數你一段話裡到底出現幾個「然後」，那就大大不妙了。

若想知道自己常說哪些贅詞，常互動的家人、好友、同事可以提供最真實的回饋。誠懇提出請求：「我想多了解自己的說話習慣，平常我講話有哪些贅詞常出現嗎？」上台演說或做簡報時，請人幫忙錄下來，你可能會訝異自己的贅詞竟然如此活躍！

講話快的人，比較容易有贅詞，也比較容易被發現。試想，開車時速一百公里，如果突然踩剎車，是不是比時速六十公里的車輛，更容易被發現有異狀？駕駛人的反應時間也比較不足。當你搜尋腦內資料庫的時間不夠，情急之下，就會冒出多餘的話。同理可證，偶爾忘詞時，把語速放慢很有幫助，便可爭取多一點時間思考，有餘韻修剪和挑選所要表述的詞句。

這些擔任「遞補角色」的字詞們，如果越來越常使用，就算你對要講的內容已經很熟悉，身心狀況也穩定，它們也可能變成不受歡迎的忠實隨從。廢話贅語如同野草除不盡，春風吹又生。如果沒有充實自己的詞彙量、豐富談吐內容、多演練要說的話、放慢語速、保持頭腦清明，那麼好不容易拿掉一個贅詞，很可能會再來一個，就算你改掉「而且」，下次就會變成「然後」，這就是言語的慣性。

別緊張，在日常對話出現一點贅詞無傷大雅，反而拉近彼此的關係，太乾淨俐落、太工整，反而有種距離感。鄰居阿姨見到我：「哎呦，月琪啊！那個好久沒看到妳了，啊妳現在都在忙什麼啊？」聽起來是不是很親切呢？至於上台簡報、主持會議、播報新聞、TED演講這類需要呈現高度專業的場合，加上有時間限制，贅詞就要越少越好。

容我開個小玩笑，想要研究廢話贅詞，多看記者連線報導，尤其是新手記者，通常不會失望。舉凡小貓卡在水管裡、民眾放天燈不小心燒起來，辛苦的記者們常得趕到現場，在資訊量不足或經驗不夠的情況下，只好反覆同樣的敘述，此時贅詞就會特別多。另外，近年網路直播興起，跟主持Live節目一樣，非常挑戰臨場反應，這些都是贅詞容易上身的高危險族群。

多年前，有部很受歡迎的日劇《美女或野獸》，松嶋菜菜子飾演一位受聘挽救《Evening News》收視頹勢的節目製作人。在某集劇情中，作風強勢的她，決定不再續聘年紀已長的資深主播櫻木，改用一位播報風格浮誇的年輕主播。結果情人節當天，也就是櫻木主播將告別觀眾的最後一集，突然發生銀行劫匪挾持人質事件！晚間新聞馬上要開始了，櫻木主播卻只拿到寥寥幾行新聞稿，內容非常空洞。憑藉長年厚植的實力，櫻木對過去的新聞事件如數家珍，他沉穩放下新聞稿，專心看著棚內播放的銀行直播影片，開始同步播報現場實況，並隨口舉出多年前曾有一起類似的搶劫案件，作為對照說明。等警察破門而入、順利攻堅的那一剎那，他漂亮做結尾，整個播報過程條理分明，沒有絲毫贅詞。

女主角深受撼動，終於了解資深主播的價值，她誠心道歉，慰留櫻木主播繼續在節目崗位服務，歡喜落幕，這是我很喜歡的一集。

有實力的主持人和新聞主播，有點像開飛機的機長或掌舵的船長，風平浪靜時，大家以為任何一個人來接手也沒什麼差別。殊不知，遇到亂流、機械故障等危機，才是考驗真功夫的時刻。雖然櫻木沒有年輕主播的光鮮帥氣，然而歲月累積的知識內涵、危機處理能力，是最珍貴的資產。所有口語表達基本功絕非一朝一夕可練成，好好儲備實力，在重要時刻，你的價值將更有機會被看見。

再次檢視自己的談吐習慣，別讓多餘的贅詞削弱你的專業形象，無法使自己和他人怦然心動的詞句，請勇敢捨棄它吧！

溝通表達沒有「完美比例」

「喜歡自己的工作的人，往往是最棒的講者。」——知名溝通大師／卡曼．蓋洛（Carmine Gallo）

為了表現更好、減少失誤、快速抵達目標，人們急切想知道一套可依循的公式法則。談戀愛時，偷偷上網搜尋「攻心」祕訣。新手學做菜時，小心翼翼盯著食譜：「四顆全蛋，兩百公克牛奶，二十五公克麵粉，鹽少許……」啊！突然一陣恐慌，「鹽少許是指多少？兩公克嗎？」深怕一不小心，就毀了整道料理。

規則讓我們安心，那麼航向「溝通與表達」的幸福彼岸，有準則可循嗎？

數十年來，許多傳播學者、心理學家、腦科學家進行著不同研究與調查統計，感謝這些知識，向人們揭開言語溝通的浩瀚世界。我很喜歡看這些研究成果，印證哪些「果然如此」，哪些不在我或某些人的行為光譜內。

其中，「麥拉賓法則」（The Rule of Mehrabian）是廣為流傳的溝通法則，出自美國加州大學洛杉磯分校亞伯特・麥拉賓（Albert Mehrabian）教授於一九六七年的研究分享。據了解，該法則最常被引述的簡易說法如下：

影響溝通要素可分為三大類，說話者的「外觀」（non-verbal behaviors ）佔了55%，「聲調」（tone of voice）佔38%，「言詞內容」（spoken words）只佔7%。

當我第一次知道這個法則，已經是主持廣播多年後，我的內心簡直晴天霹靂！倘若這項研究屬實，我的臉蛋既不像蔡依林，身高也不是林志玲，稍不注意就駝背，豈不是沒人要聽我說什麼？因為外觀的重要性可是佔溝通成效的一半以上哪！

隨著我的職涯角色幾經轉變，從「只聞其聲」的廣播人，到全身「無所遁形」的活動主持人及口語表達講師，我越來越常思索「麥拉賓法則」的適用性。

打個比方，主持廣播節目時，聽眾看不到我的動作表情，也看不到我的髮妝造型，只有現場同事和受訪來賓是「目擊者」，那麼「外觀」依然佔如此重要的地位嗎？顯然它的影響層面只觸及少數幾個人。

延續以上情況，我的節目來賓並非人人都有黃鶯出谷般的美聲，也不是每個人都字正腔圓，但他們說起故事精彩又紮實，讓人想繼續聽下去，此時，言談內容的重要性絕對不只7%，要說超過80%都不為過。

後來，我查了更多麥拉賓教授的論述研究，發現他已多次重申「麥拉賓法則」被大量誤用，令他不勝其擾。他在一九七一年出版的《Silent Message》一書，以及二〇〇七年的另一本著作《Nonverbal Communication》做了更進一步的說明。他提到，人們在溝通時，若當下的語境模糊（Ambiguous），也就是說話者的肢體語言、聲調跟他所說的內容不一致，那麼他所流露的「非語言訊息」對於溝通的理解和可信度上，就顯得格外重要。

舉例來說，老公出差回來，送你一條絲巾當禮物，你並不喜歡這份禮物，但嘴巴還是說：「謝謝老公，我很喜歡。」以表面字意來判讀，你喜歡這份禮物，但你的語氣和表情動作洩露了真實心聲，如果老公只相信老婆所說的話，誤會可就大了。在這樣的語境中，肢體動作和面部表情等「非語言訊息」，以及聲調狀態，比你「說」了什麼，更具參考價值。

在「刻意練習」之下，肢體語言、外表造型和聲調變化，確實能成功博取觀眾眼球，但終究還是要檢視對方說話的內容，裡面是否有真材實料？還是打開華麗的包裝之後，只有寥寥幾片小餅乾。

TED講者Will Stephen在「如何假裝做一場很棒的演講」主題中，故意用「看似專業」的肢體動作和聲調，說出荒謬空洞的言論，來反諷有些講者以為「虛張聲勢」，塑造一種自信專業的外在表現，就可以掩飾內容的貧乏不足。

演講尾聲，他故意說：「我正要下一個令人滿意的結論了，我是說，我的手勢看起來像是要下結論，我開始踱步，營造緊張的氣氛，我會拿下我的眼鏡，順帶一提，其實它只有鏡框，我戴眼鏡只為了看起來很聰明。」

他又繼續說：「我會開始改變聲調，假裝我正說到某個關鍵。」接著語氣轉為高昂，講出一句故意設計的「無意義的話」。這段演講很有趣且發人省思，以公眾演說為業、需要上台做簡報的講者們很值得上網一看。

口語溝通是一種高複合性、錯綜複雜的行為，對方和你，以及整個情境永遠在流動。佛教經典常提到一個觀念：「世間最恆常不變的事情，就是無常。」因此，我很少教制式的「SOP」對答策略，因為此時此刻的你，跟昨天的你或他，情緒狀態可能截然不同。昨天你問他某個問題，剛好他心情不錯，掏心掏肺回答你，還多附贈一個有趣的小故事。可今天剛好他被主管責罵，心情很差，問他一樣的問題，對方可能覺得你非常無禮。明明都是同一個你，同一個他，同一個提問，結果卻相差十萬八千里。

學員常拋出各種語境狀況，希望我多給建議。看著一雙雙求知若渴的眼神，著實令人心軟，我盡量提供一、兩種表達方式，當作參考，本書也分享一些人物對話情節，但我更希望這些範例只是「拋磚引玉」，建議平時多鍛鍊自己的「思想肌肉」，常在心裡問自己：「如果是我，我會怎麼說？」依照自己最舒服、不違背真心，並且顧及他人的方式，構思最適切的回答，實際練習說一遍；也可以寫下來，如此有助深化記憶。未來若真遇到類似的情境，「問答資料庫」就有很多素材可以調度，無須完全遵照老師或「專家」的說法。

呈現悅目舒服的形象儀態，是非常好的事情，這部分我也持續學習著，但請不要因此輕忽言談內容的重要性。講出去的話，無法像傳Line或臉書訊息那樣，發現錯了、後悔了，可以按下回收鍵。倘若不願深耕談吐內涵，即使搶得一時關注，遇到心如明鏡的觀眾或談話對象，終究會被識破。

溝通表達沒有永恆不變的「完美比例」，任何幽微的轉變，都會產生不同結果。我們依然可以把「外觀」、「聲調」、「言談」這三大面向放在心上，但請突破「加總起來等於一百分」的框架，而是像散播「愛」一樣，每個面向都可以無限擴展，都可以讓它熠熠發光。

chapter 2

聰明建立連結

建立「好感度」，讓人想和你繼續交談

「和你在一起的每一天都很耀眼。」——韓劇《孤單又燦爛的神—鬼怪》

我們常不自覺地用上所有感官，去「認識」一個人。在極短的時間內，看到對方穿著剪裁講究的銀灰色西裝，有如律師上法庭般自信，下巴微抬，聲若洪鐘。隔著桌子，隱約聞到他身上的菸草味，再敏感些，甚至能感覺到他的情緒。電光火石的瞬間，對這個人的初步印象就形成了！

如果形成的是正面印象，那麼恭喜你，接下來想傳遞任何訊息，比較容易進到聽眾心裡。相反地，對方對你沒有好感，很快會把耳朵和心門關上，就算你學富五車，也徒勞無功。想要逆轉局勢，得花非常大的心力，直到有更觸動人心的事件發生。

不過常見的情況是，你們不一定會再見面，根本沒機會扳回一城。

與其事後辛苦補救，黯然神傷，不如一開始就建立「好感度」（likeability），如此不僅有助於開啟事業及感情契機，也包括締結好人緣，用心保持下去，你也會更健康快樂。

什麼是「好感度」？我很喜歡雅虎（Yahoo!）前高階主管、也是著名演說家——提姆・桑德斯（Tim Sanders）的說法：「藉由傳遞身心與情緒的善意，讓人產生正面態度的能力。」再補充一點，「讓人覺得舒服，如沐春風，想與你繼續相處，繼續交談下去。」

如果手上有枝螢光筆，我會在幾個詞畫上愛心：「身心、情緒、善意、舒服」。

寫到這裡，我的腦海中閃現許多身影和聲音，本書提到所有正面案例的主角們，都在言行舉止體現這些美好的能力，無論他們本身有沒有意識到這點。

首先，在我大腦皮質下方的記憶區，跳出第一位「好感度」代表是知名作家王文華。二〇一〇年，他的成名作《蛋白質女孩》推出十週年紀念版，我有機會和這位華文界暢銷書作家共處一室，聊聊他的創作生活。很期待，也有點緊張，不確定他是否像在電視螢光幕前那樣開朗健談。

答案揭曉，專訪那天，穿著簡單黑色上衣的男子走進電台，細框眼鏡底下，眼睛笑成兩條弧線，伸出手親切對我打招呼：「嗨！月琪妳好，我是王文華。」心中警報解除，好感指數上升。

我向聽眾介紹：「許多來賓來上節目，主持人需要花一些時間介紹他們的資歷，但是今天這位，只要說出他的作品名稱，大家一定知道他是誰，讓我們歡迎《蛋白質女孩》的作者——王文華大哥。」

王文華幽默地說：「沒錯沒錯，有時候別人看到我，就會指著我說，你你你……你就是寫《台灣霹靂火》那位嘛！」有一陣子這部電視劇很紅，大家常把編劇「鄭文華」和作家「王文華」搞錯，但王大哥從不生氣，反而拿來幽自己一默。

接著他假裝委屈、但語氣掩藏不住笑意：「說起來真汗顏，《蛋白質女孩》已經是十年前的作品了，後來我還寫了《倒數第二個女朋友》、《開除自己的總經理》、《史丹佛的銀色子彈》等好多本書，但是大家永遠只記得《蛋白質女孩》。」

「王大哥別難過，大家也只記得蒲松齡寫過《聊齋誌異》，曹雪芹寫了《紅樓夢》，可以寫出令人難忘的作品，還賣得那麼好，一本就夠啦！」

「哎呀！月琪，妳還把我跟蒲松齡、曹雪芹相比，真是太榮幸了。」

短短一分鐘，從笑容、眼神到握手問候；從介紹成名作，到開開姓名的小玩笑，我們輕快地互相「丟球接球」，笑語不斷，迅速建立對彼此的好印象，訪談十分順利。

注意到了嗎？以上對話，透露了一個常被忽略的小細節。請試著回想，每次認識新朋友，你會用心記住、並適時提起對方的名字嗎？名人明星一天可能要跑好幾個通告，有些會乾脆只稱呼對方「主持人」，省去記名字的麻煩，或避免叫錯名字。對談時，王文華會不時叫一下我的名字，我也有這樣的習慣。名字有種神奇魔力，當自己的名字被好好記住，並且好好地被念出來，特別有種被重視的感覺。

請留心，每個人對於「稱謂」的主觀感受不同，通常男性欣然接受被尊稱為「某某大哥」或「某某哥」，但不少女性被叫「某某姐」會非常介意，最好事先試探一下：「請問您喜歡什麼樣的稱呼？」或「大家都怎麼稱呼妳呢？」如果對方瀟灑甩髮說：「叫我的名字就好了。」或者「隨便你怎麼叫都沒關係。」先了解對方的喜好與接受度，看著對方的眼睛，以彼此舒服的方式互稱，心理距離會更加靠近。

好感度雖有主觀認知及感受，大致來說，我們會對真心讚美我們的人，還有看見連我們自己都不知道的優點的人，產生好感。根據研究，人們也傾向跟「喜歡自己」以及「與自己相似」的人相處。

即使看不到彼此的臉，也可以因為某些表現，讓人對你很快產生好感。舉例來說，餐飲業非常忙碌，接聽電話的員工，往往講話飛快，咬字含糊，用制式口吻確認訂位人數、姓名和手機號碼，登記完只想趕快掛電話。某天，我打到餐廳訂位，接電話的是一位年輕員工，聲音很好聽又有禮貌，因為不確定十二點能否準時抵達，他主動說：「那我幫妳訂十二點半好嗎？這樣妳比較不趕。」最後還補上一句：「待會見喔！」歡欣的語氣彷彿我是他的好朋友，待會我們會一起吃飯。不到一分鐘，這位陌生員工迅速得到我的好感勛章，我對這間餐廳也連帶有了好印象。

傳達善意的方式很多，可以是一句關心體貼的話、一個溫暖的擁抱；也可以是親切慧黠的笑容、穿著有質感的駝色羊毛衫，或散發一抹讓人心曠神怡的清香。

「為什麼一定要讓別人對我有好感？這樣做是討好吧？我才不在乎呢！」我能想像有人癟了癟嘴，堅信做人就要有「被討厭的勇氣」。

英國臨床心理學博士潔薩米．希伯德（Jessamy Hibberd）提到，「受人喜歡是一種能力，也是和他人相處融洽的重要特質。你絕對不該忽視或嗤之以鼻。」好感度包涵了社交、同理心、情緒智商（EQ）等能力，我想多加一項，一定要伴隨「真實」。沒有真心，沒有付出實力，很容易淪為譁眾取寵，任何偽裝只要日子一久，終究會被識破。所以，想培養好感度，請往有質感且紮實的基本功方向邁進。

最後，讓我們將目光望向奧黛麗．赫本（Audrey Hepburn）——大家心目中永遠的質感女神。

曾經，公共電視台邀請奧黛麗．赫本主持節目，洽談時，她原先想找習慣合作的髮妝造型團隊，但這樣製作預算會超出太多。過了三個禮拜，製作單位突然接到赫本來電，她表示自己可以處理髮妝造型，只要製作單位幫忙準備吹風機、熨斗和燙衣板。

工作人員很惶恐，怎麼能讓大明星做這些事呢？善解人意的她在電話中笑說：「我真的很喜歡燙衣服。」正式合作後，奧黛麗．赫本的主持能力深獲讚賞，某天，製作單位到她家，真的看到她正在燙衣服！果然所言不假。

無論今昔中外，這位質感女神的高評價歷久不墜，絕非只因她有美麗的臉龐，永遠得宜的穿著，優雅的舉手投足。終究，待人處事和專業能力，並且始終言行一致，才是好感度能持續的重要薪火。

你的眼神可以創造奇蹟

「誰能看見綠光，誰就能得到幸福。」——法國新浪潮電影導演／艾力．侯麥（Eric Rohmer）

某年，我在巴黎索邦大學附近的咖啡館獨自用餐，隔壁桌的男女完全無視面前令人垂涎的甜點，只是深情凝望彼此，時而輕啄對方的手背。幾小時後，我結完帳準備離開，這座由「四目相交」所形成的「愛的能量場」依舊堅不可摧。

我曾訪問某位國際魔術界最高榮譽「梅林獎」的年輕得主，魔術師經常需要邀請觀眾上台互動，「你都怎麼挑選觀眾呢？」來賓故作神祕地緩緩靠近我的右耳：「就挑會用崇拜眼神看我的那一位。」講完他忍不住笑了出來。

想要傳達你澎湃熱烈的情感，想要被青睞，很多時候，眼神比起言語更有力量。當你以星芒般的目光追隨，對方也很難忽視你。情感上如此，職場上也同理可證。

只是情感上我們不必刻意練習，就能透過眉目傳情達意。當面對的是同事部屬、主管客戶，還有初次見面的陌生朋友，多數人的挑戰在於，明知交談時「看著對方的眼睛」是基本禮貌，「眼神交會」是建立彼此連結的重要訊號，但到底要怎麼「看」才得體？被你注視時，對方感受是舒服的嗎？我們的眼神真有如實傳達心聲嗎？要如何辨識對方的目光訊號？這可比製作馬卡龍或摧毀巴黎鐵塔複雜多了。

採用詩意抽象的說法，「眼神」意指眼睛的「神態」，是眼睛流露出來的「精神」。換個方式來理解，人們其實常不自覺以眼睛所望向的「方向」、目光所停留的「時間」，眼球肌肉所使用的「力道」、和眼神所散發的「溫度」，表達對某項人事物是否感興趣，以及反映出是否從容自信。

我曾主持廣播節目長達十七年，平均一週專訪五到十多位來賓。每當我看到待會要上節目的來賓目光下垂，偶爾偷偷張望，神情侷促不安，正襟危坐在錄音室椅子上，不難猜想多半是第一次或很少接受媒體訪問。只要時間允許，我會跟對方聊聊天，先以開朗的笑容做前導，同時牽引眼球肌肉放鬆一點，使眼神顯得更柔和溫暖。

「歡迎來我家作客」，用這樣的心情，營造輕鬆的氛圍，通常能緩解對方的緊張情緒。看似隨意閒聊，其實蘊藏深意，我可以趁此傳遞專業態度與善意，也默默觀察對方的肢體語言，好判斷是否要調整稍後的訪談內容。遇到比較嚴肅高冷的來賓，我則會稍微加強眼睛力道，也就是把眼睛張得更大一些，瞳孔聚焦在對方身上，讓目光更明亮堅定，呈現專業俐落感。

所以每次專訪結束，最累的往往不是喉嚨，而是眼睛。因為主持節目不需要分分秒秒講話，但為了讓對方感受到我重視與他們相處的時刻，我會專注看著交談對象，越不熟，所耗費的精神就越多。因此為了讓自己的眼睛可以適時地休息，也為了讓對方不要有被緊迫盯人的感覺，通常我會注視大約兩、三分鐘後，轉換看一下對方的鼻子、額頭、耳朵、嘴巴，視線落到對方臉部四周區域及後方，放彼此一條生路。

曾有朋友問我：「假裝看著對方，腦子想其他事情，應該沒關係吧？」除非你的演技一流，不然，當思緒飄移，瞳孔會失去焦點，甚至閃爍不定，對方一定會發現你心不在焉。不是真誠注視，很難建立情感連結；交談時，目光不時從對方身上移開，對方很容易覺得不被重視，這是我的真實體會。

相反地，當你侃侃而談，對方眼神開始游移，甚至偷瞄手錶手機好幾回，你可能要考慮換個話題，或體貼問一下：「待會你有其他事要忙嗎？如果還有事，我們可以下次再聊。」也可以多補充一句：「跟你聊天好愉快，都沒注意到時間過那麼久了呢！」會讓對方有加分印象。

眼睛雖只佔全身很小的比例，但即使是非常微小的眼球或瞳孔變化，也會立刻帶出不一樣的情緒訊息。不妨找一位朋友試試看，跟對方談話時，嘴角斂起笑意，把下巴稍微往內收，眼球往上或斜上方看朋友一眼，此時，眼睛會露出比較多的「眼白」，整張臉很容易給人輕蔑、質疑、不友善等負面感受。

有些人會不自覺流露出太過銳利的「審視」眼神，目光一不小心就變成雷射槍，內向害羞的人尤其難以招架，又礙於個性或禮教，默默消化這難以言喻的不悅與壓迫感。如果話語又不假修飾，無疑雪上加霜。我有一位朋友就是如此，充滿活力又幹練的她，某天向我訴苦，我委婉分享對她的肢體語言觀察，她才恍然大悟自己的眼神竟然如此銳利，所以別人常覺得她講話態度太強勢。

職場往來或社交聚會，雙方的眼神位置通常是平行的，距離也比較近。有些時候，你需要站在台上，面對一群人發表演說或主持活動，這樣的情境場合下，更得利用眼睛展現更飽滿的自信風采才行。

試著回想你最近一次上台的經驗，你的眼睛都看哪兒呢？慢慢從後台走到前台的這一小段路，是低頭看著地板或天花板，站定位後，急忙發表高見，事後完全想不起來任何觀眾的面容？還是先展開優雅的笑容，邊走邊看看台下坐了哪些人，簡單跟觀眾寒暄問候，再開始分享精心準備的內容？

場地越大，台下人數越多，所施展的「眼力」就要越強而有勁！不只是眼睛肌肉的力道，更要有觀察四周的能力，譬如說：「這位穿格子襯衫的女士，眼睛笑得跟月牙似的看著我，她應該很期待今天的活動吧？」眼神要落在你希望關注的觀眾所在位置，盡可能目光照顧到每個人，轉移的速度不要太快，平均看著同一個區域或一位觀眾說話至少五秒鐘。

眼睛可以說是最無敵的發電站，我們用眼神傳遞心意，引導對方到你希望他注意的所在；眼睛也是最強的接收器，我們用眼神探測訊息，辨識對方欲傳達的千言萬語。不妨想像自己在做瑜伽動作，在鬆與緊之間，保持一種微妙的平衡，努力穩住身體核心，延伸脊椎，但不鎖死關節。

最終，你將能善用「靈魂之窗」，洞悉每一位談話對象，也透過清澈的目光，展現自信優雅或情感，以眼神創造奇蹟。

笑容，放心靠近的綠燈訊號

「微笑，也可以是美麗的聲音。」——電影《正念的奇蹟》

課堂上我常做一個小實驗，我會播放一系列照片，照片裡男女老少都有：咖啡館的年輕店員、拿著鋤頭的務農夫妻檔、表演藝術工作者、大學院長、海牙車站的站務人員；我還穿插了國際巨星、天真無邪的小朋友，以及可愛動物照。這些畫面有個共同特色，就是主角們都面露笑容。

隨著照片一張張切換，台下觀眾的神情越來越放鬆，原本像剛從冷凍庫拿出來的冰淇淋，有點冷硬，漸漸回暖融化。等最後播放巴哥狗（pug）誇張咧嘴笑的照片，學員們的表情正式失守，「哈哈哈哈」的笑聲此起彼落，教室氣氛變成明亮的夏天。

笑容會感染，看到別人笑，大腦內部的「鏡像神經元」（mirror neurons）讓我們的嘴角也不自主往上揚，這是人類天生內建的模仿機制，可以察覺他人表情和情緒的改變，進而產生共鳴、同理心，有助於加深人際連結，促進親密關係。

無論站著或坐著講話，「頸部以上」絕對是關注焦點，如果只能選出兩個身體部位，好捕捉對方釋放的「非語言訊息」，再決定是否能放心更靠近一步，我會給「眼睛」和「嘴巴」各貼一枚星星標誌。除非對方參加《蒙面歌王》歌唱節目，整張臉被面具遮住，或生了一對《魔戒》精靈王般的招風耳，讓人無法忽視。

跟客戶來賓初次碰面，或為一群陌生學員講課，我也會忐忑，但我會用笑容來表達善意和自信。有能力在任何情況展現從容笑容的人，代表他對自己的談吐是有信心的，對身處的環境是自在的。如果對方也回應愉快的笑容，代表一種接納與歡迎，接下來的互動就會順利許多。

在我開設的「人物訪談力」課程中，學員常困惑舉手：「怎麼判斷我可以繼續目前的談話？什麼時候又該停止話題呢？」當對方身體朝向你，姿態放鬆，露出自在的微笑，開懷大笑更好，就是「綠燈可通行」的明確指標。

二〇一三年，我有幸主持國際名廚江振誠（André Chiang）第一本新書《初心》記者會，他被《時代》雜誌兩度讚譽為「印度洋上最偉大的廚師」，也是史上唯一橫跨米其林、世界五十大最佳餐廳以及世界百大主廚榜的華人。

江振誠個性認真嚴謹，彩排時，他很客氣有禮，淺淺的笑容十分迷人，不笑的時候，則流露一種威儀感。記者會安排了兩位對他人生有特殊意義的致詞嘉賓，分別是晶華酒店董事長潘思亮，以及公益平台文化基金會董事長嚴長壽。兩位貴賓談起與江振誠相識的小故事，幽默風趣，也很感人，江振誠的嘴角逐漸放鬆，笑容多了起來。

接下來，我與江振誠有半小時的對談時間，從他二十歲就成為台灣最年輕的法國料理主廚，聊到他在新加坡擁有自己的餐廳，並榮獲米其林二星殊榮。此時氣氛正好，大家都露出享受當下的笑容，綠燈信號大閃，我靈機一動，頑皮地問：「Chef，我想替現場的朋友們請教你一個問題，你通常禮拜幾會在店裡？大家如果打電話去訂位，一定希望是你親自接聽電話，最好可以看到你本人啊！」記者們眼睛亮起來，期待答案。江振誠笑說：「我在的時候，餐廳才會開，所以你們打來我一定會在，而且應該都是我接的電話。」多虧這個有趣的小提問，現場氣氛更熱絡了。

要判別一個人是不是真心地笑，眼神和笑容必須一併觀察，因為眼睛和嘴巴周圍的深層肌肉是連動的，真正發自內心的笑，一定會牽動深層的臉部肌肉，出現表情紋、甚至是魚尾紋。知名好萊塢女星妮可．基嫚（Nicole Kidman）曾坦承為了替臉部除皺，打了過量的肉毒桿菌，導致臉部僵硬長達十年，她深感後悔。無法透過表情來精準表達情緒，演技就難以動人，對演員簡直是一場災難！雖然我們不是演員，臉部表情的靈活度依然至關重要，美國作家馬克．吐溫曾說：「每個有皺紋的地方，都證明你曾經微笑過。」每一條表情紋，都代表著你的真性情，所以想施行醫美療程的朋友們，請務必三思而後行，如果確定要做，下手請別太重。

臉部表情也直接影響說話的聲調。請試試看，繃著一張嚴肅的臉，嘴角下垂，然後嘗試講出輕快愉悅的語氣，你會發現幾乎不可能做到。嘴角上揚，臉部有笑容，聲音才會有笑意。過去我主持的廣播節目時段多半是早上九點到十一點，即使獨自在錄音室對著麥克風說話，我也常面帶笑容，希望傳遞出去的聲音充滿朝氣活力，陪伴聽眾迎向工作挑戰，希望當年的聽眾能感受到這份心意。

很多人以為要用嚴厲的神情和語氣壓制對方，才能達到溝通目的。面對某些談判場合和對象，這麼做確實有幫助，但談笑間，更容易促成協議，發自內心的笑容，才能創造真正的連結。分享以下的故事，盼能再為大家增添一點信心。

記得有一回我到泰國旅行，幾位新結識的歐洲背包客帶我去探訪某處風景區，可惜抵達的時間太晚，警衛要我們隔天再來。我很尊重當地法規，但還是想試試看，於是我揚起笑容，禮貌試探：「先生您好，我們大老遠來到這兒，不確定下次什麼時候能再來，可不可以讓我們看一眼，幾分鐘就好，絕對不會耽誤你們下班。如果真的不行，那也沒關係，你們辛苦了。」

兩名警衛交頭接耳了一會兒，就放我們進去了。歐洲友人非常驚訝，對我比了讚賞的大拇指。快速參觀完畢，我開心跟警衛說謝謝，乘興賦歸。

泰國是個友善且喜歡幽默的國家，回想那天除了笑容，在溝通過程中表示感謝、並體諒他們的辛苦，也是警衛願意放一點水，讓我們過關的重要原因。如果板著臉，或惡狠狠地跟對方爭辯，絕對不會有那麼好的結果。

當然，縱使是個天生愛笑的人，也不可能每天心情都風和日麗。況且有些人個性內斂，天生比較面無表情，就算學習「怎麼笑」，每個角度算得剛好，露出潔白的六顆牙，仍舊不是出於真心。勉強擠出來的笑容，會給人一種怪異的感覺，內心對自己也會有「表裡不一」的違和感。我們想要學習的是有質感的談吐，「真實」是不可捨棄的重要原則。那該怎麼辦呢？

我自己有幾個小祕訣，當心情低落、但需要出門會客時，我會跟少數好友快速線上小聊幾句，或上網看幾段可愛動物影片，比方一頭小毛驢喜歡跟主人撒嬌討抱抱、小狗每天都尾隨著馬兒變成「跨種族」好朋友、哈士奇盡責當起小嬰兒的保姆，都很容易讓我嘴角上揚，心情立刻變晴天。

另外，我非常喜歡《最後一次相遇，我們只談喜悅》（The Book of Joy）這本書，兩位世界級的精神領袖達賴喇嘛和南非屠圖大主教（Desmond Mpilo Tutu）是書中主角，他們相聚短短五天，大量對談關於「喜悅」的洞見智慧。書籍封面是他們相視而笑的畫面，大主教的眼尾有著深深的魚尾紋，和開心的笑容，每當我需要一點智慧或力量，常從書架抽出這本書。光看封面和書名，就覺得好療癒，笑容又重回臉龐。

你可以找出任何會讓自己瞬間開朗起來的做法，懷抱著好心情，再出發到你要去的場合。

優雅地笑，開懷大笑，笑著流出眼淚，笑到拍手叫好，可以面帶笑容說話，對自己和他人都是好棒的禮物和祝福。從現在起，請多展現你最迷人的笑容吧！

合宜的肢體接觸，舒適溫暖的擁抱

「每個孤獨的人，都在等待一個溫柔的擁抱。」——日本電影《神隱少女》

你是個對肢體接觸感到自在的人嗎？我指的不是隔著桌子底下，用腳尖磨蹭客戶的小腿，而是在不同場合或特殊時刻，能夠很自然以握手、摟肩、擁抱、輕拍對方的手背或肩膀，力道適中，表達你的正向情緒，而你也能坦然接受他人這樣對你表示友善。

多年前，我主持某場精品活動，現場擺滿高雅細緻、價值不菲的手繪名瓷。彩排時，負責溝通流程的行銷公關，冷不防一把拉住我的手腕，硬把我拖到某個定點：「待會妳就站這裡。」我還驚魂未定，又被扯到另一邊：「講完這段，妳就改走到這個位置。」突兀的舉動嚇了我一大跳，沒想到她身材瘦瘦的，力氣那麼大，讓平常連打開果醬罐都很吃力的我，有股衝動想問她是怎麼練的？

另有一次，我受邀主持頒獎典禮，頒獎人是國外知名小說家，主辦單位特地安排一位口譯老師到場協助。這位口譯老師有豐富的公眾演說經驗，與現場許多貴賓及入圍者都相熟，我們互相打了招呼，簡單核對流程，她便忙著四處寒暄，我則留在原處，專心溫習自己的講稿。

活動進行時，口譯人員通常會站在主角側後方，有時站在舞台側邊。那次為了讓典禮更流暢，我們兩人並肩同台，我講一、兩句中文台詞，就稍微停一下，讓她即席翻譯。偶爾譯完句子，她會「加碼」跟台下觀眾閒聊幾句，彷彿自己才是主持人。

典禮進行到中間，我還沒講完台詞，對方突然用手肘撞了我一下，力道不輕。基於生物本能，我又嚇了一跳，眾目睽睽下，身體明顯抖了抖。我疑惑看看她，接收到的眼神示意大概是：「妳講得夠長了，該輪到我翻譯了。」回憶彩排時，我們並沒有仔細討論主持人講到哪一句，該輪到口譯翻譯，我想是這個原因，因此產生認知上的誤差。誠心建議初次搭檔的主持人和口譯老師事先溝通好「肢體暗號」，以免當場其中一人被撞飛。

東方社會裡，很少把「身體教育」視為人生重要的一課，也較少意識到社交上的舒適距離，就像講話要注意音量，肢體碰觸也應留心相對應的強弱層次，否則很容易引發他人不舒服的感受。上述兩位主角並未察覺自己呈現出與企業形象及個人職務不相符的肢體溝通方式，有點可惜。有趣的是，通常會有這樣的肢體表現，當事人的說話風格也比較直接，表裡非常一致。

仔細回想，我也曾經判斷失誤，記得某次進修課程結束，大家依依不捨互相擁抱道別，並說幾句感謝的話。一位「大叔級」的新加坡學員，笑咪咪把我抱個滿懷，就像動畫電影《柏靈頓熊熊出任務》（Paddington 2）的熱情小熊一樣，我感受到非常溫暖的支持。隨後，我看到一位女同學，在六天進修日子裡，我們其實沒什麼交集，基於「同組就是有緣」，我還是微笑上前擁抱她，結果她的身體僵硬了三秒，下一刻竟用力把我推開！來不及說完的祝福卡在喉嚨，戛然而止，真叫人好生尷尬。她那嫌惡的眼神和緊皺的眉頭，我還清楚記得，擁抱的那幾秒，對她彷彿是無法容忍的極限。

被那麼直接地拒絕，說完全沒有挫折感是假的。回到家我才想起，由於上課氛圍太溫馨，絕大多數的師生都散發無與倫比的正能量，於是我一時忽略每個人的「身體界線」會因著文化背景、生活經驗、個性等因素而有差異。身體的反應最直接、最誠實，當你不喜歡對方，眼神會閃避，對方伸出手或擁抱你，你會想光速逃離，毫秒都覺得漫長。

縱使有這些小遺憾，我們依然可以敞開心扉，把合宜的肢體碰觸以及擁抱納入最值得學習的溝通交流之中。

接下來，場景來到中正紀念堂附近，那是個春寒料峭的夜晚，兩廳院戶外廣場湧入數千名觀眾，為了享譽國際的排灣古調演唱團體「泰武國小古謠傳唱隊」而來。擔任主持人的我，很早就準備好一襲亮麗春裝，還在保溫瓶裡泡了桂圓紅棗茶，準備迎接這場盛大的音樂會。

彩排前，小小團員們對我很好奇，紛紛拋出童趣的問題：

「姐姐，妳多高啊？」

「妳有沒有男朋友？」

「姐姐妳好瘦，妳幾公斤啊？我都可以把妳抱起來了。」二話不說，個頭快比我高、只有國小三年級的女團員，俐落把我橫抱起來，大夥笑得樂不可支。也因為這段小插曲，快速拉近彼此的距離，正式上台主持也更融洽順利。

孩子們的天籟美聲，觀眾們的熱情回應，讓我暫時忘卻寒冷，等活動結束回到後台，沁到骨子裡的寒意終於全湧上來。

當時的總統夫人周美青是台下觀眾之一，孩子們口中的「美青阿姨」一身輕便黑色勁裝，低調到後台探望大家，當她來到我面前，只說了這句：「主持人，妳不冷嗎？我在台下都替妳覺得好冷哪！」下一秒，俐落摟住我的肩膀，笑容滿面跟我拍了張合照，那股熱流透過她的手臂手心傳過來，至今難忘。

許多時候，溫暖的擁抱勝過千言萬語，是非常有力量的「非語言訊息」。再分享一個故事，九二一大地震後，有位電台同事的父親為了修繕房子，不慎從高處跌落，緊急送醫仍然宣告不治。我跟其他同事趕到醫院時，只見這位平常活潑頑皮的大男孩泣不成聲，渾身顫抖。

這種傷心欲絕的時刻，當下說什麼都是多餘。我上前輕輕拍撫他的背，他非常哀傷抱住我嚎啕痛哭，像隻失怙的小獸。我不發一語，只是穩穩地環抱他，希望把溫暖的力量傳遞給他，直到他的情緒稍稍平復，我讓出空間，另一位同事立刻接手，繼續給予源源不絕的關懷。

《正念生活，從年輕到年老》一書提到：「不同研究指出，接受規律觸碰與肢體接觸的病患，比其他病患復原得更快。單就擁抱來說，就能降低罹患心臟病的危機，還能增強免疫系統與對抗壓力和憂鬱傾向。」不僅如此，擁抱和肢體碰觸可以增加令人幸福愉快的「腦內啡」和「血清素」的分泌，對人際溝通大有助益。

如果你不善言詞，或者有時候不知道該說什麼來表達你的支持或感激，不妨握著對方的手，或打開雙臂，來個溫暖舒適的擁抱吧！

克服公眾演說焦慮，先滿足大腦對未知的想像

「別害怕去做更大的夢，親愛的。」——電影《全面啟動》

我的學生大多是社會人士，即便職場打滾多年，位居高職，當接到演講邀約時，還是常難掩驚恐，差點脫口而出：「謝謝你，可惜那天我需要帶狗去看醫生。」但家裡根本沒養狗。

會有這種反應很正常，二〇一四年，美國加州查普曼大學（Chapman University）首度針對超過一千五百位美國人進行一項「恐懼」大調查，結果顯示，美國人竟然最害怕夜晚獨自走在路上，而「害怕在公開場合演說」（public speaking）排名第五，佔受訪人數的25．3％。

時間快轉到二〇一八年，「害怕政府貪汙腐敗」獲得綜合排名總冠軍，高達

７３．６％，「害怕在公開場合演說」位居第五十九名，仍有２６．２％。對了，透過這項調查，我們還得知８．３％的美國人怕鬼！

「恐懼」和「焦慮」是面對大眾說話最常出現的兩種情緒，伴隨的生理反應包括血壓升高、心跳加速、呼吸短淺急促等等。這些原本為了保護人類避開潛在危險、得以生存的原始反應，演變至今，反而阻礙人們表現自我，無法安心發揮言語的正向影響力。有沒有辦法安撫這一對容易發抖的「難兄難弟」呢？

其實大部分的焦慮情緒，源自我們對即將面對的人或事件不熟悉，也就是「害怕未知」。如果能夠事先充分掌握資訊，重複經歷相同或相似的情境，讓大腦明白：「原來是這麼回事啊！」引導它從動不動就幻想《明天過後》的災難式情節，到採取一些實際行動，比方與其躺在床上擔心，不如起身做幾個伸展動作、多念幾次講稿、請主辦單位傳幾張照片讓你先了解場地狀況，就能大幅降低焦慮感。內在警報一旦解除，上台便能發揮水準，享受與群眾對話的喜悅。

不瞞各位，我本人堪稱「焦慮界的翹楚」，從小怕黑怕高怕鬼怕下水，只要接受任何新任務，都足以讓我心律不整，從答應的那一刻就開始後悔。大家看到我在台上很有自信的樣子，以為我從來不知恐懼為何物，這真是美麗的誤會。你看，哈利波特就算變強，每回對戰佛地魔，還是會戒慎恐懼，更何況我不會魔法，只是平凡的麻瓜。

我永遠記得第一天主持現場節目，早上九點開播，光想就胃部糾結，心臟狂跳，前一晚輾轉難眠，還夢到睡過頭導致節目開天窗！感謝當時電台人手短缺，除了週一到週五每天兩小時的晨間節目，我也主持週末晚間的音樂節目，粗略估計，每年超過三百天的主持頻率，幫助我很快熟悉所有流程，同步操控六、七台播音設備也不再手忙腳亂。

主持工作進入第三年，偶爾會見到以下場景：節目開播前最後一刻，我推開電台大門，放下咬到一半的三明治，跟同事微笑打招呼；接著走進錄音室，挑選要播的歌，快速讀完所有資料，再打開麥克風，帶著輕快的嗓音跟聽眾問好，右手放在設備上，隨時準備要播下一首歌曲，一氣呵成，心跳指數穩定。

不料過了幾年，媒體生態丕變，電台為了多元營收，承辦越來越多活動，隱身幕後的廣播主持人開始必須拋頭露面。就在此時，電台副總指派我主持知名繪本作家幾米在智邦藝術基金會的「發現幾米」原畫展記者會，當時我有著浪漫執著的文青靈魂，對主持活動十分抗拒，但終究還是答應了。

事先讀過報導，幾米就像他作品筆下的主角們，害羞靜默，不擅長也不喜歡面對媒體大眾。我又打回原形，接到任務的那一刻就開始忐忑。「如果問他問題，他都不回答怎麼辦？在場的記者一定會覺得我很遜。」終於，那天到來，我的腦內小劇場已經上演三個月，只見幾米很緊張，主持人也很緊張，拿著麥克風的手還會微微發抖。

以現在的經驗回頭看，這場活動難度不高，是很輕鬆的開幕酒會形式，主持人只需要簡單開場，請五位貴賓輪流致詞，再請主角發言並訪談幾句，接著小提琴獨奏表演，在來賓們品嚐茶點後，引導幾米向現場來賓分享創作心得。就這樣，但當年的我彷彿如臨大敵。

果然，無論問什麼，幾米的回應一律很簡短，講話音量也很小，場面有點乾。突然間，這位害羞大叔有如《湯姆歷險記》的小男孩湯姆，直奔吊掛畫作的區域，開心地自顧自介紹起來：「大家有注意到嗎？這些磁磚，是我一片一片用心畫的，每一塊顏色都不一樣，那陣子我好像得了畫磁磚強迫症，就一直畫一直畫……」控場還不熟練的我，只能尾隨他的腳步，不知如何把主導權拿回來。不過，幾米的神來一筆，倒是讓整個場面活絡起來，似乎沒有人介意主持人是隻菜鳥，等活動結束，當我猶豫是否要開口要求合照，主角一溜煙就搭著電梯跑了。

經過多年，當初因恐懼焦慮而死光的細胞，早已被新生的細胞所取代，老同事笑說：「好難想像妳後來主持那麼多活動，以前我們無論怎麼苦勸，妳幾乎每場都拒絕呢！」

每一次經驗，都幫助大腦累積資訊記憶，不同活動可能發生哪些狀況，觀眾可能會有哪些反應，會慢慢儲存在記憶資料庫裡。焦慮仍在所難免，那是人的天性，尤其太晚拿到資料、致詞嘉賓名單一改再改、台下觀眾臥虎藏龍，腎上腺素還是會飆高。但比起剛開始的一無所知，在辛苦攀登過一座又一座高山後，一定能夠稍有餘韻，欣賞遠方美麗的風景。

回想當年，幾米和我，對當天的活動場地和現場觀眾都很陌生，但他一定記得創作每幅畫的心情故事，與其站在舞台中央，不如站在自己的作品旁邊，更能自在暢所欲言。我也因此養成未來主持活動或演講授課時，一定提早勘查場地和設備，讓自己多熟悉環境，事前做最充分的準備，減少大腦無邊無際嚇自己。

完成任務後，請好好珍惜並記住每次收到的正面回饋，當隔了一陣子再次接受挑戰，又開始焦慮緊張起來，調出這些鼓勵人心的字句畫面，告訴自己這次也可以做得很好。

最後，再分享一個小故事。當我年紀還小，某天晚上獨自坐在客廳看電視，外面的風呼呼狂吹，幾乎快蓋過卡通節目的聲音。我瞥見廚房窗戶閃動著詭異的影子，覺得好可怕。由於家人都不在，內心掙扎許久，終於鼓起勇氣一探究竟，才知道原來是鄰居家的木瓜樹被風吹得晃動不止，樹影映照在窗戶上所造成的效果。

長大以後，木瓜樹早已不在，我也不再怕黑，還是有很多事情會挑起我的恐懼焦慮，但我盡量給自己機會多嘗試，多去了解那件原本不熟悉的事。面對公眾演說也是，面對人生任何挑戰都是，如此一來，內心的小孩會慢慢成長茁壯。祝福大家！

chapter 3

對話的藝術

高品質的閒聊，讓相處時光更有價值

「我們藉由批評與嘲諷他人所建立的關係，並不是真正的連結。」

——TED人氣講者／布芮尼・布朗博士（Brené Brown）

有部喜劇電影《高年級姐妹會》（Book Club），描述四位熟齡閨密組成讀書會，平時會交流各自讀過的好書，當然也會相約吃美食，互相揶揄，聊聊婚姻、舊愛與身材變形的煩惱。某日，個性較開放的其中一位女主角薇薇安，興奮拿出全球暢銷情慾小說《格雷的五十道陰影》，強力推薦姐妹們一定要看，意外掀起一連串「愛」與「性」的精彩討論，也活化了這四位「黃金女郎」遭遇瓶頸的熟齡生活。

且慢！先別急著轉身溫習《格雷》三部曲，讓我們回想一下——噢！不是要你幻想拿著皮鞭的性感總裁，而是最近一次跟朋友聚會，你們都聊了些什麼？返家路上，你覺得滿足還是空虛？還期待下次跟同樣的朋友相見嗎？

當我們成為大人，有越來越多的責任，數不清的待辦事項，時間如此寶貴，好不容易跟朋友聚餐，作為辛苦勞動的犒賞，什麼都想聊，就像走進限時九十分鐘的吃到飽餐廳，面對琳瑯滿目的食材，什麼都想吃，但時間永遠不夠，這時候，需要有「選擇」的智慧。

談到吃，我的朋友K可來勁了：「先進攻那些成本最高、品質最好的料理，龍蝦、生蠔、菲力牛排……也要搭配一些青菜水果，營養要均衡嘛！」語氣一轉：「可是我兒子每次都先倒一大杯可樂，又夾一堆薯條，光吃這些就飽了，氣死我了！」看他一副「恨鐵不成鋼」氣呼呼的模樣，我放聲大笑。

胃容量有限，若先吃薯條，容納龍蝦的空間就少了。攝取太多垃圾食物，不會得到對心血管有益的蛋白質，只會得到脂肪肝。

相處時間有限，如果先花十分鐘抱怨店員送錯餐點，再追問同事的愛恨糾葛、部門主管的職場角力、明星八卦，然後花更長的篇幅，數落分手多年的前任情人，最後重複問朋友一樣的問題：「當年他這樣，究竟是什麼意思？」聊完這些，差不多該散場了。這些話題像冰可樂一樣，當下暢飲很爽快，但對於想要追求美好人生的你，真的「營養又美味」嗎？

「我們藉由批評與嘲諷他人所建立的關係，並不是真正的連結。」休士頓大學社工研究院的研究教授、也是知名TED講者——布芮尼．布朗博士這麼說。

聚會中常見的「營養失衡」，包括太冗長的情緒發言，抱怨天下不公，「同仇敵愾」謾罵、批評、訕笑討厭的人，還有炫耀新買的戰利品。除非是復古黑膠唱盤，那值得給它一個舞台，外加二十分鐘的亮相時間。

想要讓相聚時光更有價值，何不換個方式，以「高品質的閒聊」取代上述內容，也就是增加建設性、成長性、知識性、趣味性，以及有療癒作用的對話，聊著聊著，心情和思緒會逐漸澄澈清明，腦子會蹦出靈感，大家都開心笑個不停，或太感動而落淚，那就對了！

比方為剛升職的好友慶祝，當大夥兒紛紛用叉子進攻土耳其知名甜點——糖漿甜甜球（Lokma），你順口一提：「這甜點超好吃的！有句土耳其諺語說得好，吃甜點就能說好話。（Eat sweet, talk sweet.）為了世界和平，我們不多吃一點怎麼行呢？」

悲慘事件剛發生不久，想尋求朋友們的情感支持，絕對無可厚非，哭得一把眼淚一把鼻涕也絕對沒問題，宣洩完情緒後，不妨多抛出幾句話來延伸話題：

「會發生這樣的事，有沒有我沒注意到的盲點？」

「我好生氣，○○不做事又愛在老闆面前邀功，換成你們會怎麼處理？」

用開放性的問題，聽聽朋友們的建議，釐清為什麼會有這樣的事情發生，一起激盪未來可以怎麼改善。千萬不要一個人唱獨角戲，除非你是脫口秀主持人艾倫・狄珍妮（Ellen DeGeneres）。

P與L是我非常喜歡相處的兩位好友，P是室內設計公司副總，性格沉穩內斂，出國旅行會帶筆墨紙硯在飯店房間抄心經。L是國中音樂老師，一雙巧手能夠輕易做出極美的手工蠟燭，還會製香。

有次聚會，L教我們分辨天然「大豆蠟」與一般坊間常用的「石蠟」的差別，原來石蠟是由石油精煉過程中的副產物，即使有精煉石蠟及食品級石蠟等差別，仍然會對環境生態造成影響。P長期資助印度偏鄉孩童，去年她寄給我們每人一張空白卡片，並體貼附上回郵信封，邀請我們寫幾句話祝福這些遠方的孩子們。我們的聚會從不冷場，每次都像度假般身心舒暢。

我從未聽過P講任何一個人壞話，就算遇到很離譜的狀況，她總是用平實的語調敘述整件事情的前因後果。無論誰有煩惱，我們會一起「俯瞰」整件事，拋出想法或感動，盡量不帶批判。

「妳從這次事件中，學習到什麼？」

「妳這次遇到的狀況，跟上次事件有點像，當類似的事情反覆出現，有沒有覺得老天要給妳什麼樣的提醒？」

避免圍繞在無意義的蜚語流言，把焦點拉回跟自身相關的人事物上，多分享自己的夢想計畫、生活體驗、生命省思，或對社會世界有益的議題上。把每次相聚當作寶貴的交流機會，為實現夢想注入養分。話題可以輕鬆，插科打諢無傷大雅，但請不要太偏離內心的一把尺。

高品質的聊天，最能激發創意與促進知識交流。「主題式」的聚會最容易達到效果，例如品酒、外拍攝影、登山健行，其他開放填空。

我的作家好友G在人物傳記、報導文學領域是個中高手，學識淵博，如果以台灣山岳來比喻，在我心中，她就是玉山主峰的等級。

G跟我都很喜愛娜妲莉．高柏（Natalie Goldberg）的《心靈寫作》，這本教導創意寫作的小書，成為我們頗長一段時間的共同話題。我們曾經持續半年的「心靈寫作」聚會，每週見面坐定後，先聊聊天，然後各自振筆疾書半小時，寫得盡興時再延長時間，等時間一到，交換剛剛的即興書寫，邊討論邊延伸其他話題。

「做任何事都要有中心思想，寫作也是。」撰寫這本書時，我想起聚會時G分享的寫作建議，至今依然受用。

「那要不要大家先靜坐冥想五分鐘，用湯匙敲敲杯子，輪流發言五分鐘，再開始吃眼前的蛋糕？」另一位好友開玩笑說。這樣做也不錯，但也不用那麼拘謹，只要鼓起勇氣，婉拒充斥負面言談、空洞無趣的邀約，聚會品質就會產生改變。

當然，每個人對「高品質閒聊」的定義和需求略有差異，調整過程中，可能會流失一些曾經「無話不談」的朋友，因而感到失落。就像剛開始減少攝取糖類、加工食品，會覺得很不適應。等時間拉長，聚會成為滋養你的來源，你將會感謝自己做了這些取捨。

達賴喇嘛與南非屠圖大主教曾在印度達蘭薩拉（Dharamshala）相聚五天，那時兩位宗教領袖年事已高，又各有艱難的政治處境，幾乎可斷言那是他們此生最後一次相處。那麼他們都聊些什麼呢？兩位老人家心繫人類更廣大的自由、生死、和平，盡情談喜悅的本質、那些讓喜悅遠離的事物、支持喜悅的八大支柱，以及人們該如何練習喜悅。

如此高瞻遠矚的境界，並非遙不可及，想讓聚會時光更有價值，不妨改變一下閒聊的內容吧！

樸實無華的讚美，也可以很動人

「要有美麗的雙眼，請尋找他人的優點；要有美麗的嘴唇，請只說仁慈的話語。」——奧黛麗．赫本

儘管我們都承認「口語表達」是門深究不盡的學問，有很多細緻講究的「眉角」（台語），但我也發現，許多打動人心的話語，其實很樸實無華，不只人類感動，動物也一樣受用。

某年夏天，我旅居清邁一個月，距離清邁六十公里處，有座大象自然公園（Elephant Nature Park，簡稱ENP），專門收容曾被奴役或年邁殘弱的亞洲象。出發前，我被ENP官網影片中充滿靈性又帶著哀傷的大象眼神所吸引，決定報名當兩日志工。美其名「擔任志工」，其實是透過參與餵食、觀察象群家族等活動，學習如何更善待這些珍貴的地球夥伴。

當我親近牠們，清楚可見好幾隻大象身上有明顯的舊傷痕，有的瘸了一條腿，有的眼睛失明，也有母親被射殺的孤兒小象，看了十分心疼。

我被分配到跟一群美國女大學生同組，青春正盛，她們嬉鬧的聲音直竄進我的耳朵，原本有點心煩，結果女孩們一見到大象，馬上自動切換成對待小寶寶的口吻，頻頻讚美：「你好美哪！」並輕輕撫摸這些歷經滄桑的「大傢伙」，突然覺得這些女孩好可愛，她們的聲音也變得悅耳起來。

「我們待會要去看另外一區被收容的流浪狗，妳要不要一起來？」其中一位女孩問我。

原來ENP不只救援大象，還收留了幾百隻流浪貓、狗和野牛。到了狗兒收容區，一隻名叫「龐德」的狗狗背對著門，垂喪著頭，散發生無可戀的氣息。女孩蹲下身，視線與狗狗平行：「小可愛，你好帥，不要害羞，轉過頭來看我們一眼嘛！等一下就帶你出去玩喔！」

工作人員分配給我們一人一隻狗，我負責的狗兒「查理」非常亢奮，一出籠門就撲向我，掌心的泥濘弄髒我新買的白背心，老實說，當下有點嚇到，懊惱心想：

「衣服才剛買的呢！」下一秒立刻轉念：「牠難得有人陪，我只是被弄髒衣服，有什麼關係呢？」於是開開心心帶牠散步去了。

每走幾步路，查理就停下來東嗅西聞，我笑問：「你開心嗎？想在這裡多待一會兒嗎？」牠歡快地搖著尾巴表示認同。

動物很有靈性，你無須朗誦愛爾蘭詩人葉慈（William Butler Yeats）的詩句討牠歡心，只要心懷善意，聲調保持正向情緒，讚美簡單直接，牠們就感受得到。跟動物說話會油然生出一股喜悅，非常療癒，如果我有資格制定國民中小學的教育課綱，一定把「讚美動物」列入每週作業，讓這樣的好習慣從小扎根。

現在，讓我們把關注焦點拉回「人」。去年夏天，我旅居的地點改成英國，中間參加了蘇格蘭高地五日遊，同團只有我一位華人，其他多半是歐美夫妻檔，因此我有很多機會觀察大家的相處互動。

其中一對來自加拿大溫哥華的爺爺奶奶特別照顧我，我常蹭在他們身邊聊東聊西。

某個下雨的午後，我們放棄尋找尼斯湖水怪的蹤跡，窩在咖啡館小歇。八十八歲的爺爺對著小自己三歲的老伴兒說：「Honey，妳的咖啡想加多少糖？」「Honey，妳的腳還可以嗎？要不要再休息一下？」在老爺爺心中，妻子永遠都是「蜜糖甜心」，雖然是很平凡的稱呼，很日常的關心，但持續那麼多年，更顯可貴。

「妳知道嗎？再過兩個禮拜，我們結婚就滿六十五週年囉！」活潑又健談的老爺爺笑咪咪告訴我。

聽老伴兒這樣說，個性內斂的奶奶羞澀笑了。既然爺爺先起了頭，我便順水推舟問：「你們維繫婚姻那麼多年的訣竅是什麼呢？」相信很多人都想知道答案。

「我跟他都不完美，就我包容他一點，他包容我一點，日子就這麼過到現在了。」奶奶微笑看了爺爺一眼，喝著老伴兒幫她加了三匙糖的熱咖啡。爺爺繼續放閃：「因為她一直那麼美，我怎麼捨得離開她呢？」

「Mia，妳長得很漂亮，個性又好，一定會遇到好對象的。」稱讚完自己的太太，老爺爺輕拍我的手背，慈祥地對我說。聽到這樣的讚美與祝福，在寒冷的尼斯湖畔，我的心開出一朵花。

看著這對幸福的老人家，我想起日本紀錄片《積存時間的生活》，隱居山林的建築師津端修一和妻子英子，因為營造出令人稱羨的田園生活，吸引了日本導演伏原健之前往拍攝，一拍就是兩年多。

當時津端先生已經九十高齡，英子也已經八十七歲，他對工作人員介紹自己的妻子說：「她是我最完美的女朋友。」無論妻子做什麼料理，他都滿足大誇：「好吃！好好吃！」沒有任何修飾，字字發自內心，所以格外動人。

知名心理學家威廉・詹姆士（William James）曾說：「人類最深層的需求，是被人欣賞的渴望。」不少人哀嘆另一半講話總帶著挖苦、命令的口氣，或故意用「反話」來表達關心，我想，有時候並不是沒看見對方的好，而是成長過程中，沒有養成坦率讚美別人的習慣。用行動表達，當然棒極了，若再加上幾句稱讚，相輔相成，或許就能像這兩對爺爺奶奶一樣，擁有快樂又長久的親密關係。

想學習讚美的語言，多看電影和電視劇絕不會讓你失望。我很喜歡韓劇《孤單又燦爛的神—鬼怪》男主角對女主角說的一句台詞：「和你在一起的每一天都很耀眼。」在每個平凡的小日子感到幸福，並且說出來讓對方知道，比許多甜言蜜語都來得實在且深刻。

開口讚美不需雄才韜略，對方有哪些令你欣賞、感動、亮眼的表現和特質，真誠自然地講出來，若能說明具體原因就更好了。

同事今天穿了很襯他膚色的襯衫，你可以說：「這個顏色好適合你，你今天看起來氣色超好的！」

如果吃到很美味的食物，不妨請服務生轉告廚師：「今天的料理非常好吃，牛小排煎得很嫩，我也很喜歡那盅蓮藕排骨湯，湯頭好鮮甜。」辛苦的廚師整天與油煙為伍，聽到客人的肯定，一定很窩心。被言語「滋潤」的掌勺者，尤其是為你料理三餐的家人，未來在炒青菜、燉雞湯時，想必會注入更多「愛」的能量。

以自己的專業才能來讚美對方，最有說服力。主持廣播那些年，只要來賓的聲音很好聽，或口條很好，我常由衷地說：「你的聲音透過麥克風很吸引人。」甚至進一步形容：「你這樣的講話方式讓人有種安心感，很適合主持深夜談心節目。」並鼓勵對方可以多嘗試公眾演說，對方的眼睛通常會瞬間發亮，又驚又喜又有點害羞。

我曾訪問一位獲得佳士得、蘇富比兩大拍賣會青睞的珠寶設計師，多年後她告訴我：「月琪，妳是第一個說我適合主持廣播的人，後來真的有電台找我，謝謝妳當年給我很大的信心，我才敢接受這個挑戰。」

至今我仍然保持這樣的習慣，我也發現，習慣讚美他人，更容易發掘每個人的優點，也更容易捕捉生命中的多樣色彩，說出口的時候，自己也得到快樂。

大方說出樸實無華的讚美，說不定無意間促成一項好計畫，或成就了一位主持界的明日之星，只要願意，我們都可以當那個啟動正向循環的人。

否定、質疑、命令句，將人推向千里之外

「我們如何對待他人，也等於是如何對待自己。」

——Idea Architects創辦人兼執行長／道格拉斯・亞伯拉姆（Douglas Abrams）

害羞的小刺蝟很渴望交朋友，但他渾身長滿了尖尖的刺，一不小心就會傷到別人，因此，沒有同學敢找他玩，搭公車也只能自己坐最後一排，小刺蝟常感覺很沮喪、很孤單。

某年聖誕節，當他踏出教室，同學們神祕兮兮送給他一個打上漂亮緞帶的禮物盒。他疑惑地打開盒子，翻來找去，咦？怎麼只有一堆中空的小泡棉呢？接著，大家把這些小泡棉一一安插在他身上，每根刺都被妥貼地包裹住了。下一秒，大夥兒一湧而上，給他一個大大的溫暖擁抱。

我非常喜歡這支耶誕節廣告，同學們看出小刺蝟的失落，知道身上長刺不是他

的錯，於是想出這麼貼心的方法來拉近彼此的距離。多麼溫暖的世界！

我們都渴望彼此靠近，雖然人類身上沒有刺，但「說話帶刺」卻挺常見的，一樣會扎得人發疼，只是痛在心裡。多數人並不知道自己有這樣的表達習慣，被言語刺傷的人，礙於禮貌、地位不對等、怕尷尬、覺得溝通很麻煩等原因，選擇不表達出來，只是漸漸保持距離。其中，我觀察到三根「言語之刺」特別常出現：否定詞、質疑的語氣，以及命令式的句子。認出這些狀況，再看看鬆軟的小泡棉是否有用？還是得用金剛錘才一勞永逸？

又要說故事了。在一場社交聚會中，A把好友C介紹給合作夥伴B認識，A提到：「C很優秀，曾經主持過某知名公司舉辦的頒獎典禮喔！」B馬上搖頭說：「噢，那間公司啊！他們近年越來越不行了，都把自己做爛了。」A和C霎時無語，表情有些尷尬。B是個事業很成功的商業人士，或許為了表示自己見多識廣，或習慣用這種方式展現幽默，但初次見面就否定新朋友曾合作過的公司，貶抑對方的觀點和行為，非常不禮貌，也等於打臉了合作夥伴A。若B真想透露他所知道的公司狀況，等未來雙方交情更深，再細說原委也不遲。

有意思的是，有些人談論自己的事情時，也會出現大量否定詞和負面形容詞。不少朋友告訴我，他們的媽媽常這樣說：「桌上的菜你們怎麼都沒吃，是不是媽媽煮得很難吃？」其實好幾盤菜已經從小山丘被夷為平地，孩子很認真動筷呢！探究背後心理，可能是媽媽不夠自信，或想獲得子女更多的讚美與肯定。如果換個方式：「媽媽今天煮了好多你喜歡的菜，好香啊！趕快來吃喔！」是不是整個氣氛就不一樣呢？

另外，請避免用質疑的語氣，除非你們正在進行學術或工作領域的思辨，或為了特定的節目效果。

我曾經和一位新朋友嘗試合作，對方非常優秀聰敏，有次他問：「除了工作，妳在家裡會做哪些事啊？」聊起休閒娛樂，我可來勁了！「我會挑選喜歡的音樂和精油，選一本當下想看的書，天氣冷的時候，我還會一邊泡腳，一邊看書。」

「喔，所以妳只做愉悅自己的事嘛！」對方突然下了這個結論，口氣頗不以為意，可能他期待聽到更特別的答案，而我的回答太「樸實無華」了。接下來的每段對話，只要我一講完，對方會立刻下批判，或是用質疑的語氣回應。過了幾個月，考量種種因素，我決定先暫停合作，於是寫了一封文情並茂的信，並通了電話，把終止合作的原因好好溝通清楚。最後我分享前些日子的禪修心得，想為這段時期的合作緣分做一個美好的結尾。我感性地說：「我們都希望一日開啟合作，可以一直到最後，但有時候先停下腳步，對彼此更好，友誼可以更長久。」

你猜對方怎麼回答？「喔，我不用去禪修，也知道這個道理啊！」我無奈苦笑，雖然很欣賞他的才能，還是選擇祝福對方一切順心，未來有更好的發展，然後結束這場談話。

曾經看過一份研究報告，人們天生傾向做會讓自己喜悅的事，也傾向跟會讓自己喜悅、肯定自己的人相處。這位朋友非常優秀聰明，我很欣賞她，可惜對於想傳遞言語溫柔力量的我來說，並不是最適合的合作夥伴。

另外，很多人會使用「命令式」的句子，常見於長輩對晚輩、上司對下屬，或在職場中地位相對比較高的人；越熟的朋友和越親密的家人，也容易單刀直入，因為表達簡潔又迅速。

我曾以讀者身分，參加一場新書發表會，其中一個橋段設計很好，主持人請台上的作者和來賓，各朗誦一小段書中最有感覺的文章。當作者認真朗讀時，由總編輯擔任的主持人突然插話：「你應該告訴讀者你念的是哪一頁啊！」上對下的指使態度，令我倒抽一口氣。可能總編輯跟作者相處有一段時日，已經很熟，但在這樣的場合，作者是主角，台下讀者全為了作者而來，主持人理應扮演讀者和作者之間的橋梁，給予作者尊重，用命令式的口吻措辭，是相當失禮且不恰當的。倘若對作者說：「可以告訴現場的讀者們，接下來你要朗誦書裡的哪一頁嗎？這樣大家可以追隨你的聲音，進入你的世界。」是不是好多了呢？

有一段時期，我很榮幸擔任雲門教室的媒體公關，我非常喜歡跟執行長温慧玟一塊兒工作，温姐是名奇女子，從少女時期第一眼看雲門演出，就愛上雲門，一路從工讀生做到雲門教室的執行長，深獲林懷民老師倚重。

二〇一六年，温姐受邀大陸蘇州TEDxSuzhouWomen女性大會演講，我協助温姐擔任這場TEDx演講的兩岸溝通，也陪她激盪講題和內容。一開始我提出十幾個主題建議，温姐很認真聆聽，很有興致地說：「月琪，這些題目都很好，妳好用心，我們要不要再想想看，還有沒有其他可能性？」温姐日理萬機，除了雲門教室，還協助台灣其他藝文場館的催生，但她永遠用活力十足的笑容，先肯定你的付出，並指引你再試一次。

往返討論修改當然有點磨人，但我從中間學到很多。為雲門教室工作的那一年，我更了解雲門為何是無可取代的雲門，無論是帶領舞團的林懷民老師，或是負責教室的温姐，都是極為講究細節的領導者，又有溫柔寬大的胸懷，深諳言語的力量。

據說電影《再見瓦城》的導演趙德胤也是這樣，拍攝《灼人祕密》時，在拍攝現場他不會說：「這顆鏡頭不好。」他會說：「再拍一個看看。」

最後温姐選定的演講主題是「和身體談戀愛」，切合當年雲門教室想要推展的概念，很推薦大家上網搜尋這段演講內容，十分精彩。

如果想讓「言語之刺」越來越少，說話的時候，不妨先停一下，把負面用語改成正面用語。想對另一半說：「你最近胖了，穿這件衣服好難看！」請先忍住，深吸一口氣，含情脈脈地說：「你想不想嘗試新的造型？要不要換另外一件試試？我想看你穿那件衣服的樣子，一定很好看。」

辨識出你不經意豎起的言語之刺，無論是軟化它，或用彈性的小泡棉，把語言之刺妥貼包裹著，需要的時候，偶爾使用它來保護你。慢慢地，所有人都會樂意圍繞在你身邊，感受你的言語溫度。

面對咄咄逼人，內向者的應對之道

「Stay kind. It makes you beautiful.」——作家、詩人、TEDx 講者／Najwa Zebian

行走江湖，難免遇到講話不客氣的人，他們像隻張牙舞爪的動物，常不自覺流露咄咄逼人的氣勢，措辭口吻強烈又直接，企圖讓對方順服。

翻開辭典，讓我們進一步理解「咄咄逼人」的意思，這句成語意指「盛氣凌人，使對方驚懼」。有趣的是，會這麼做的人，很少意識到自己的言行舉止散發出具有攻擊性的「能量」，他們無法理解別人為什麼要生氣，或感到受傷？於是又補一句：「你未免也太玻璃心了。」或者「我就是這樣，你想太多了。」

若把話語比擬為物件，講話咄咄逼人的人，就像揮舞一把無形的利刃，傷了人，反倒責怪對方的皮膚太薄，心臟太弱，怎麼戳一下就流血、就心痛了呢？

打個比方，我很喜歡自助旅行，常上網瀏覽資訊，許多網友會熱心分享在國外被偷的經驗。有位旅人揹了一個輕便的後背包，小偷拿出刀，劃開背包，偷走裡面的財物。小偷對這位旅人說：「你的包包質料也太差了，一下就割開了，怨不得我啊！」是不是覺得這邏輯哪裡怪怪的？追根究柢，無論包包是否堅固，根本不該破壞別人的包包，拿走別人的東西，怎麼會是這位旅人的錯呢？可惜不只那位小偷，就連旅人的朋友、甚至不認識的旁人，也指責是旅人太不小心，應該買更堅固的包包。說出這樣的話，是出於善意，但對當事人反而造成二次傷害，在邏輯上也是「倒果為因」。

回憶多年前，我曾經主持一場活動，當時我已經是很有經驗的主持人，活動前幾天，主辦單位請我參與彩排，現場除了館長、幾位承辦人員，還有一位從頭到尾表情非常高冷嚴肅的「神祕人物」，似乎是受命來考察進度，暫且稱她為A女士。

當我依照要求，把流程複述一次，並想確認幾個細節，館長突然大聲斥喝：「妳講那麼多廢話幹嘛？這些都不重要。」接著馬上轉身面向A女士，堆滿了笑：「這樣就好，她講什麼不重要，別理她。」當下我被突如其來的斥責嚇到，一陣錯愕，隨即委屈、惱怒等情緒一湧而上。為了顧全大局，我還是順完流程，等彩排結束，我誠懇如實向承辦人員表達心聲：「我明白大家都很辛苦，但任何人都不應該受到這樣的對待。」她目睹一切經過，很不好意思頻頻向我道歉。沒多久，館長走過來，爽朗地透露一個祕密：「妳不要介意啊，剛剛我是故意的，那個女人很難搞，我們先發制人，這樣她就不會有太多意見了。」原來我在未被告知的情況下，配合演出了一場戲！即使知道實情，那種不舒服的感受，仍然迴盪在體內好幾天，言語的威力絕對不容小覷。

我相信大多數人絕非有意，只是比較少拿捏與人對話的力道與最佳方式。假如雙方勢均力敵，表達習慣相似，以索爾的雷神之鎚，對戰《星際大戰》的光劍，互不相讓；甚或一個幽默的嘲諷，再甩個髮外加華麗轉身，倒也精彩，誰也不吃虧。然而個性內向、以及包括我在內的「高敏感族群」特別辛苦，這兩大族群在乎他人感受，很難不顧及後果，直接給對方好看，因此遇到不友善的對象，往往退縮沉默，或講兩句就被對方的氣勢鎮住，說不出話來。

經過多年歷練，我終於有些進步，以下幾個實用提議，特別送給常苦惱於不知如何與咄咄逼人的對象溝通的朋友們，你們辛苦了。

首先，音量要適中。一般來說，人類輕聲細語的音量約十分貝，在正常的環境裡，對話交談約六十分貝，獅子可達一百一十四分貝，大象可達到一百一十八分貝。我們得承認，人類和動物有不少相似之處，獅子和大象會用吼叫聲來展現氣勢，用肢體和聲音來恫嚇敵人，以鞏固自己的地盤，彰顯自己的勢力，人類也不遑多讓。切記！對方越是張牙舞爪，疾聲厲色，你越要穩住內心。尤其內向者平時講話比較小聲，但面對強勢的人，音量變得微弱，對方更會覺得自己有理，便失去站在平等對話的基準點。

請在你的心裡重新設下定錨，「並不是講話大聲，看起來理直氣壯，就一定有道理」。否則抹香鯨肯定最有道理了，牠是世界上嗓門最大的動物，認真吼叫起來，能達到兩百三十三分貝呢！

反之，也無須為了想壓過對方，效法獅子王昂首大吼，這樣很容易演變成互相爭吵的局面。冷靜排除這些干擾因素，正向的溝通才可能發生。

第二，語速不要太快。聲調越沉穩，越有力量。人在壓力情境下，呼吸會變得短淺，講話也因此變快。遇到態度不友善的對象，做幾個深呼吸，對控制音量和說話速度會很有幫助。在任何情況都能掌握自己的音量和說話速度，你會發現自己原來那麼有力量！等累積更多經驗與自信，散發出更穩固的氣場，就能夠反過來影響對方，引導對方的音量和語速，不自覺調整到與你相似的頻率，達到更和諧的對話。

第三，用溫和堅定的眼神，勇敢直視對方的眼睛，確認他所想要表達的訊息內容。在對方說完後，以你理解的方式重述一遍：「陳副理，請問您剛剛是這個意思嗎？有沒有需要補充的地方？」詳實核對雙方認知是否一致。拿出理性專業的態度，不卑不亢，會獲得對方更多尊重。

心態上，不要把對方過度「放大」為一個很巨大的存在，不必賦予對方更高的地位，你的恐懼就會縮小，力量就會拿回來。

最後，面對不舒服的對話情境，我們永遠可以喊暫停，另約時間溝通，或用文字溝通。

大家常有誤解，以為對方問什麼、表現什麼，我們一定要有所回應，而且是

「立刻」，其實不然。如果此時的你，情緒太波動，改用傳統書信、E-mail表達也是很好的做法。文字是很重要的溝通媒介，透過文字可以好好思考，組織所想表達的內容；也因為隔了一層距離，敏感內向的你，受到對方肢體氣勢或聲量的干擾因素就會少很多，有助恢復自我的平衡。

就算最後沒有達成共識，對方依然故我，也無須沮喪，至少你努力過，好好說出自己的想法，光是讓對方知道你的立場、價值觀，可接受的界線和情感需求，已經太有價值。諸多研究證實，長期的情緒隱忍所累積的壓力，可能導致某些病症的發生，比方乳癌。為了身心健康，我們都值得尊重自己的感受，學習化解比較困難的溝通處境。

所有對話，都是為了讓彼此更了解自己，更接近想要的目標。三國時期的諸葛亮有句名言：「以柔克剛。」越不友善的溝通對象，越需要時間和耐心去卸下他的武裝，消弭彼此的隔閡。害羞內向的你，也需要給自己時間，強化自信。請繼續保持言語的善意，把每次對話都當作提升自我的機會，將使你從內而外變得更優雅、更堅強。

如何禮貌打斷他人的談話，優雅脫身

「人生很短暫，如果把時間浪費在不想做的事情上，是很可惜的唷！」

——美國最受歡迎的童書插畫家及園藝家／塔莎．杜朵（Tasha Tudor）

沒人喜歡被打斷談話，但有時我們必須如此，遇到以下狀況，別猶豫，就是優雅轉身的合理時機。

比方，面前這位仁兄，滔滔不絕講了三個鐘頭，有如唐僧碎念孫悟空。又比方，你必須趕赴下一場聚會，拜見未來的岳父岳母。常見的心聲是，大家相處時間有限，但你有其他更重要的話題想聊。更或者，對方談論的觀點內容、語氣措辭，引發你身心極大的不適。這時候，是該禮貌揮舞「言語之刃」，勇敢切斷目前的談話了。

有次教完課，一位年輕男學員分享他的苦惱。他是一位攝影記者，如果早在三十年前入行，他只要掌握好相機，捕捉最適合的影像畫面，不需要說太多話。然而，近年媒體生態丕變，攝影記者也開始被要求發想專題、身兼採訪工作，務必在最短時間製作出吸睛的內容。於是，我的「人物訪談力」課程陸續出現好幾位攝影記者，他們想趕緊補強口語表達能力，包括如何進行人物採訪、架構訪綱、採訪過程如何開啟對話，以及更多溝通技巧。只是沒想到，面臨最棘手的挑戰竟然是「該如何打斷對方說話」。

「我知道要有耐心，盡量讓受訪者多講一點。通常講一陣子，會出現一、兩句特別精彩的句子，可是有時候對方講了好久，完全沒有值得採用的內容，真的很無奈。」

這位學員的困擾我非常感同身受。二十多年來，我製播過十多個節目及迷你單元，以一小時的預錄專訪來說，事後反覆聆聽，修剪受訪者咬字發音失誤及多餘的贅詞，還有偏離主題、不那麼精彩的發言，再進行後製配樂。完成後，我習慣重聽完整版的音檔一到兩次，檢查說話和音樂的音量比例是否和諧？整集節目是否順耳？全部加起來往往花費比預錄多出兩、三倍，甚至更久的時間。

我的學員很用心，願意讓受訪者好好闡述，這點太值得嘉許。但錄得越多，後製的時間就需要越久，如果懂得拋出「好問題」，當對方講話太冗長，知道該如何應對，就能把時間留給其他也很值得投入的人事物上了。

「首先，你必須專注聆聽。」我認真看著學員的眼睛，說出這句肺腑之言。聽到我的回答，他難掩失望，幽怨地說：「就是對方講太久，講著講著，我都恍神放空了啊！」

「如果想顧及禮貌，你就必須專心聽對方說了什麼，才知道哪裡是最適當的插話點。」我耐心告訴他，這是最重要的步驟。聽對方說話的內容，注意對方呼吸換氣的節奏，再趁他換氣的毫秒之間，切入適合的話。

「庖丁解牛」這句成語大家應該不陌生，厲害的廚師對牛隻的身體結構很熟悉，順著肌肉骨骼的關節紋理，可以輕易把一大頭牛拆切成不同部位。至今已摘下十六顆米其林星星的「地獄廚神」高登．拉姆齊（Gordon Ramsay）曾示範閉眼拆切一隻雞，也是如此。吸氣與吐氣之間，就形同動物最脆弱的關節空隙，想要截斷談話，從這裡下手，就會乾淨俐落，不帶血水。

我曾經主持某場記者會，主辦單位很有心，在貴賓致詞前，安排了很特別的表演橋段。他們邀請一位表演藝術家，以身體為筆墨，在現場進行一場書畫展演。活動正式開始，我簡單講完開場白，歡迎表演者出場。伴隨著現場古琴錚錚，表演者優雅舞動，墨汁緩緩從衣服機關流溢而出，落在一大片宣紙上，渲染出美麗的字畫。

那件衣服內藏特殊裝置，無法事先彩排，因此，原本表定的演出時間約八分鐘，卻發生意料之外的狀況。起初，現場所有人都沉浸在靜謐又充滿美感的氛圍中，但隨著時間一分一秒過去，表演者卻絲毫沒有停止的意思，還在繼續悠然舞動著。

過了十分鐘，現場開始出現騷動，其中一位致詞嘉賓是部長級的政治人物，必須趕赴下一個行程，他的幕僚頻頻向我催促：「到底什麼時候會結束啊？」我也很焦急，許多時候，活動主持人必須得到主辦單位的許可，方能調動記者會流程。尤其藝術家在表演時一直閉著眼睛，投入內在的小宇宙，無法看見任何人的暗示，這該怎麼辦呢？

時間又過了五分鐘，實在不能再拖，我深吸一口氣，靜下心，決定找適合的點切入。

回想主持廣播時，我會在兩首歌曲之間的「間奏」講些話，並且在間奏旋律結束前，講完該講的內容。加上我長年習舞，也看過不少表演，對音樂節奏和身體律動還算敏銳，這些經驗在此刻全派上用場。

我仔細聽現場古琴演奏，到了某個停頓點，音樂家還沒彈出下一顆音符，表演者的身形又剛好落在一個美麗的姿態，我趕緊說：「非常謝謝〇〇老師帶來精彩的演出。」儘管內心焦急，一開口的語調還是要不疾不徐，力求平穩。表演者非常有經驗，聽到我的聲音，他緩緩起身，優雅向大家行禮，翩然退場。大家內心都鬆了一口氣，全場掌聲四起，記者會總算可以繼續進行下去。

聆聽對方的話語，隨著呼吸節奏伺機介入，就不會顯得突兀粗魯。為了能夠留意對方換氣停頓的那一毫秒，我們必須專心聆聽，同時觀察對方的動作。

找到介入的呼吸頓點，接下來該說什麼呢？如果是媒體訪談，你可以說：「剛剛您提到的這段故事，非常精彩，我還很好奇另外一個問題，可否請您聊聊……」引導對方到你希望對方回答的另一個議題。

若在社交場合，你可以說：「好想跟你繼續聊，不過真不好意思，今天有幾個很久不見的朋友也來了，我去跟他們打聲招呼，你好好享受今晚的派對喔！」如果不打算再回來，就別輕言給承諾，結尾不妨說：「你平常習慣用哪種通訊軟體？我們交換一下聯絡方式，再找一天繼續聊。」讓對方知道你對他還是很有興趣，只是在這個場合裡，你也有其他需要關照互動的新舊朋友，這樣的中斷離場，就不會顯得失禮。

同理可證，如果你的眼神一直深情看著對方，又點頭又微笑追問：「然後呢？」「真是太有意思了！」對方自然會深受鼓舞，繼續講到天荒地老。暫時收斂「鼓勵」的肢體語言，但眼神也不要一直飄移，頻頻看錶，這樣就太明顯了。看錶或是瞄手機上的時間，只要一、兩次就好，對方通常會接收得到這些暗示。

最後，不妨思索一下，如果沒有時間限制，為什麼想打斷對方的談話？是對方聲調太沉悶？不知所云？太自吹自擂，大言不慚？講的內容「含金量」不足，不符合我們的期待？還是對方的論點嚴重牴觸我們長期信奉的價值觀？並非每個人都是說故事高手，一開口就讓人沉浸其中；也很難每個人都像劉德華，妙語如珠又讓人舒服。多給彼此機會，聽聽對方怎麼說，試著從裡面淘金，說不定會有新的啟發與收穫喔！

發揮對陌生人的好奇心，參加家族聚會

「永遠找最簡單的東西，做最大的表達。」——雲門舞集創辦人／林懷民

二〇一七年，我受邀到中國蘇州發表TEDx演說，隔天留在蘇州教課，有位男學員舉手提問：「我每次回家吃飯，都不知道要跟爸媽聊什麼，家裡氣氛好沉悶啊！」回台灣接受節目專訪，已婚的女主持人也向我吐露心聲：「我真怕過年，有些親戚的問題太沒禮貌了，月琪，妳都怎麼回應？」

聽完這些困擾，我滿感慨，家人理應是最親近的關係，在早年社會，家族成員彼此互相照應，更提供情感上的支持力量，現在卻有那麼多人面對父母無言以對，逢年過節只想逃到國外度假，好避免跟親戚相處。

「如果你把父母當作訪問的對象，你會想問他們什麼問題？」我反問那位蘇州學員，對方愣了一下，顯然沒想過可以用這種角度，跟父母對話。

我訪談過的對象不只名人，更接觸許多素人，我發現只要有好奇心，願意多提問幾句，耐心聆聽，任何人都可以挖掘出很精彩的故事，完全不用怕聊天沒話題。

許多家長想表達關心，但不擅言辭，只能趁孩子回家，煮一大桌菜，噓寒問暖說：「傘帶了沒？鑰匙要記得帶，衣服有沒有穿暖？要不要多帶點水果回去？」由於台詞太固定，子女常忍不住露出不耐煩的神情，徹底忽視父母的好意。若能換個角度想，我們參加社交場合和旅行時，對陌生人都有好奇心，也會耐著性子給對方機會表達自己，何不把這份心意，也發揮在家人身上呢？

有天晚上，電視台剛好播放一部老電影，我突然很好奇：「媽，妳跟爸有一起看過電影嗎？」我的父母是媒妁之約，在那個年代，許多男女只見過一次面就結婚了，沒有戀愛基礎的婚姻，要怎麼培養感情呢？媽媽放下碗筷，笑了出來：「我跟妳爸啊，這輩子只去過一次電影院，電影票還是水廠發的呢！」水廠指的是台北自來水事業處，是我爸生前服務超過三十年的政府單位。

「你們看哪部電影啊？」我繼續問。

多。

「唉喲！電影名字早忘記了啦！」回憶起往事的母親，臉部線條瞬間柔和許

婚後為了家計，媽媽還當過國賓飯店的清潔人員，「妳一天要負責打掃幾間房間啊？」答案是八間，包括鋪床巾、更換被單、清潔地毯，忙碌得很。

「那有沒有什麼特別的人來住過？」她想了一下：「對了！港星鄭少秋來住過，有時候住一週，有時候住一個月，他還會在房間枕頭底下或床頭櫃留小費呢！」

年輕朋友或許不知，回顧七〇到八〇年代，鄭少秋是叱吒華人影視圈的知名演員，也是金庸、古龍筆下的最佳男主角，瀟灑風采可媲美現今演藝圈天王劉德華、郭富城，韓劇男神玄彬、李敏鎬。

「留多少小費啊？」我化身八卦記者，逐步追問。

「有時候日幣一千塊，有時候台幣一百塊，有時候美金一塊錢，不一定。」

「他對人態度好嗎？」

「很好啊！他很客氣，態度很好。」媽媽有問必答，越講越多。

「那些小費呢？」

「哎呦，哪可能留到現在啊？早就拿來貼補家用了。」

「好可惜喔！如果妳把小費留下來，多有紀念價值啊！」我開玩笑結束這段日常對話。

跟父母聊天，我會收斂在外拚搏的幹練模樣，故意恢復成小女兒的口吻，多一些語助詞，多一些誇張的表情驚嘆。媽媽年事已高，聽力大不如前，刻意把聲音提高一點，老人家聽得比較清楚。面對長輩，多問他們年輕時候所做的事、未竟的夢想、遇到某種狀況該怎麼解決？讓他們有機會表達，對親子關係和情緒健康都很有幫助。

人與人之間的對話有不同目的，有些為了談判求職，有些為了溝通情感。逢年過節親友相聚，屬於後者，主要是透過交談，重新連結中間失聯而疏離的情誼。在這樣的場合，多選擇簡單好發揮的話題，譬如懷念的美食及家人、推薦的餐廳、最近的旅行景點及有趣故事。天文迷的你，請克制衝動：「阿嬤，你有看到昨天中研院公佈的黑洞照片嗎？那個黑洞位在M87星系中心……」除非阿嬤有失眠問題，你出於一片孝心，想幫助她立刻入睡，或者阿嬤是天文學家，那一定要好好向她請教一番。

政治、宗教、性別議題最容易引發衝突，請務必看對象討論。久違的親戚聚會，多問問對方的成就、覺得滿足的事，多提問「資訊性、知識性」的簡易問題，視情況再強化話題的深度，「賓主盡歡」才有意義。

即便有血緣的親戚，交情也有親疏遠近之分，以及內心是否喜歡這個人。通常對話過程覺得不舒服，是因為你們對彼此的「交情」認知不同，不清楚如何拿捏「人際界線」，沒有意識到說話的口氣和內容是否恰當，不小心就一腳踩進隱私範圍。

分享一招，倘若粗魯八卦的四阿姨打探你的工作或感情狀況，請掌握「三不」政策：不需要被激怒，不用回答申論題，不一定要給精準明確的答案。

你可以微笑說：「最近工作不錯啊！是有點累，待會早點睡就沒事了。阿姨，聽說表弟上個月剛畢業，開始找工作了嗎？他對哪些領域有興趣，我可以幫忙留意一下。對了，你們今年有沒有計畫去哪裡玩？」或馬上把目光轉向面前某道菜，夾一口放進嘴裡，接著說：「這個好好吃，阿姨妳怎麼做的啊？可以教我嗎？」簡單回答之後，再用一、兩個問題巧妙把球丟回去。真正的武術高手，不會在對手挑釁時，勃然動怒出招，他會用看似柔軟無骨的推手，微笑輕輕推回去，四兩撥千斤，天空依舊一片清朗。

質感說話的要素之一，是帶給人舒服、如沐春風的感受。在中文書寫裡，舒服的「舒」，是由「舍」和「予」兩字所構成，「舍」是捨棄、放下，「予」是給予、付出。正在閱讀此書的你，想必是意識到言語的溫柔力量、想帶給他人舒適感受的人。電影《怪獸電力公司》有句台詞：「一陣子的陪伴，卻能留下一輩子的回憶。」一屈指細數，這一生我們會跟親戚碰面的日子，其實非常短暫，跟父母和兄弟姐妹相處或許長一些。若能用更大的包容心，放下對方無心冒出失禮言談的批判與不悅，心想：「好辛苦哪！原來他需要用這樣的說話方式來肯定自己的價值。」付出耐心與體諒，用一種新的眼光，重新認識你的父母、祖父母、姑媽姨丈和堂弟妹，你會發現，家族聚會變得有趣多了，時間也過得快多了，下次不妨試試看。

度過困境低潮的安慰力量

「雖然我很堅強，但有時候，還是需要有個人握著我的手跟我說，一切都會很好。」

——動畫電影《玩具總動員3》

「月琪姐，妳現在有空嗎？可以聊一下嗎？」我的電腦螢幕經常跳出這樣的訊息。

說來有趣，舉凡身邊朋友失業、失戀、失婚，或處在類似日劇《長假》男女主角的人生迷惘期，我就是那個會被想到「可以聊聊」的對象。就連在清邁度假，突然傾盆大雨，站在咖啡館的屋簷下躲雨，身邊的陌生青年也會苦惱地向我傾訴：「這次假期結束，我不知道是該回澳洲繼承家業？還是先念個研究所？」一不小心，我又當了一回「知心姐姐」。

剛開始出於本能，知道別人傷心受苦，我無法置之不理，即使正在瘋狂忙截稿、隔天要主持活動，還是忍不住放下手邊的工作，陪對方聊一陣子，這一陪，幾小時便過去了。同樣地，我也深深感謝在我人生某些低潮、心碎的時刻，得到許多朋友的言語寬慰，有時幾句暖心安慰，就足以讓心中的冬夜不再寒冷，言語的力量真的很奇妙！

漸漸地，當我接觸越來越多心理學及助人課程，才明白付出關心有許多值得注意的地方。如何把自己的善意溫暖地、穩定地傳遞到對方心裡？如何提供最適當的安慰，該說什麼，怎麼表達，才不會讓內心脆弱的對方覺得有壓力。大眾普遍的迷思在於，只有少數人擁有「療癒他人」的天賦，其實只要稍加注意，我們隨時可以成為他人的天使。

你曾經受過傷嗎？有流血那種。如果傷口不處理就直接裹上繃帶，只會持續惡化。想要傷口復原，必須先仔細清除附著在上面的有害物質、消毒殺菌、塗抹合適的藥，最後才進行包紮。恢復期間，須視情況偶爾打開繃帶，讓皮膚透透氣。

言語的安慰像是輕敲對方的心門，只要對方願意開口，談談困擾自己的癥結，便開啟了療癒的大門。但對於正處於痛苦困境的人來說，敞開心房，清楚講出自己的感受，絕非易事，他可能會抗拒、退縮、甚至莫名對你生氣，除非他信任你，準備好好向你傾訴一番。若你想主動開啟一段關心的對話，不妨試試看這麼說：「親愛的，你想要談談這件事嗎？如果現在不想，完全沒有關係，如果隨時想說，我都在。」

你也可以說：「很難想像經歷這一切有多不容易，你真是辛苦了，有沒有什麼我能幫忙的地方？」

透過溫柔的話語讓對方知道，雖然你們不一定有相同的經驗，但你很樂意聆聽他的心聲，並提供適當的協助。

請先收起高昂的好奇心，「打破沙鍋問到底」在此刻並不是好主意，頻頻發問：「你為什麼這樣做？」「為什麼不那樣做？」對方可能會感覺被質疑，反而更退卻。

某位好友曾對我說：「月琪，妳知道嗎？我特別喜歡跟妳分享心事，妳都會好有耐心聽我說，從來不會隨便批判。」其實我對事物也有喜惡標準，有自己的一套價值觀，只不過人生走到現在，雖還不到看盡繁花，也經歷過幾番曲折，太多事情背後的成因很複雜，「願意理解」遠勝於「爭出一個對錯」，協助親友從谷底起身，重新看見世界的美麗，有信心繼續往前走，才是當下最重要的事。假以時日，當事人撥開迷霧，釐清心中的糾結，自然會梳理出屬於自己的答案。

為了表達關心，我們太習慣急著提供建議，親友生病，我們皺眉說：「你應該多運動啊！看你都沒在運動，還那麼晚睡，難怪會生病。」

「你應該多吃鮭魚，還有補充維他命B群，你看你，都吃這些沒營養的東西。」

心裡滿滿的關心，卻用教訓的口吻，對方的心情該有多複雜啊！何不採用邀請的方式說：「你想要跟我一起去跑步嗎？我們可以早點起床，先去公園慢跑個二十分鐘，再一起吃早餐，是不是很棒？」

「我昨天看到一間新開的咖啡館好漂亮，聽說店裡的招牌午餐是燻鮭魚義大利麵，可不可以陪我去吃吃看？」

傷心難過的人多半只想窩在家裡，「場景」影響心情，邀他去公園野餐或散步，在大自然明媚的光線下，有助於分泌幸福的腦內啡。怕晒黑嗎？在這「非常時期」，選一間喜歡的店喝下午茶，吃幾塊美味的可麗露，點杯熱可可，很能發揮療癒作用。什麼？會發胖？別擔心，先度過眼下難關，之後再減重也無妨。

我的閨密V，是個努力把溫暖送給全世界的可愛女人，她曾多次邀請人生有瓶頸的學生或好友到家中，親自煮一大桌菜，泡一壺花茶，讓年齡、閱歷不同的新舊朋友互相認識。有時候，剛好這個人的經驗或話語，對深陷迷惘的那個人特別受用，人與人的相遇，往往有上蒼的美意安排。

心理學家曾有個結論，感覺被人所愛，是人類最重要的情緒需求。陷入低潮的人，會不斷在腦海反芻那些負面的、不快樂的想法，以及別人對他做過的不友善行為。就像電影《今天暫時停止》（Groundhog Day）裡的男主角，永遠被困在二月二日「土撥鼠節」這一天。直到他停止怨天尤人，做出正向的改變，終於隔天起床，擺脫了「時間迴圈」的夢魘，人生從此翻了更好的新頁。

勾勒一個美好的畫面，用正面積極的態度來鼓勵對方，邀他一起做些活動，可以適時打斷他的思緒，讓注意力從紛亂的頭腦回到身體，再回到日常生活軌道。如果對方暫時不想改變，也無須苛責或內疚，每個人恢復期不一樣，網路上流傳著一首詩〈每個人都有他的時區〉，我覺得很適合送給所有朋友：

每個人在自己的時區裡有自己的步程，不用嫉妒或嘲笑他們，他們都在自己的時區裡，你也是！生命就在等待正確的行動時機。所以放輕鬆，你沒有落後，也沒有領先，在命運為你安排的時區裡，一切都會準時。

我們不需要當嚴格的教練，至少不是事情剛發生的時候。每個人接收到「被愛」的訊息各有不同。有些人喜歡言語的溫暖，多肯定他曾經的付出、獨特的人格特質，對他特別受用。有些人喜歡開心的氣氛，或需要你具體行動。同樣遭逢失戀，A喜歡有人與他促膝長談，聽他慢慢訴苦；B可能期待你寄幾篇有趣的文章，邀他一起去運動。平時對人有更多了解，越能在關鍵時刻，提供對方最想要的安慰方式。

安慰時的聲調也十分重要，身心俱疲的人，對聲音比平常敏感，嗓門太大，反而造成對方的負擔。如果你平時講話聲調偏高偏快，請把音頻稍微降低放慢，語氣盡量柔和。

最好的安慰，不一定要講很多話，你的現身陪伴，已經很有價值。就這麼靜靜的，讓某種寧靜的能量在彼此之間流動，品味生命中的悲傷時刻，也是人生重要的經驗。

「你已經盡力做了這麼多，可以走到這裡，真的很不容易。」我們隨時可以這樣鼓勵對方。

陪伴安慰的過程中，不只付出時間，更付出很多能量。如果你跟我一樣，是常被信任傾訴的對象，請好好照顧自己。到了某個階段，你可以選擇放手，讓對方知道，你也需要投注時間在自己的生活。

「看你最近好多了，太好了！真的很替你高興。我最近工作比較忙，有新的感想或進展可以留言給我，我會抽空盡快回覆。記得，我們都關心你，你沒問題的，相信你一定可以走出自己的路。加油！」

「不知道為何，只要跟妳聊一會兒，我就覺得充滿了希望，人生又可以繼續往下走了。」剛剛又結束了一位失戀晚輩的談話。

「我的榮幸。」

能用言語妥貼地安慰人心，在他人身處心靈暗夜裡點亮一盞光，是我覺得言語所能展現最有價值的力量之一。真心希望「質感說話」不只運用在職場上，更在每個人的生命中，尤其是困境低潮的時刻，發揮療癒陪伴的力量。

聆聽，最有力量的言語

「跟你愛的人在一起時，關掉你的電話，專注在他們身上，仔細聆聽。」

——「平靜」網站Calm.com共同創辦人／Michael Acton Smith

對面的女孩正在說話，我注意到她的嘴形一直變化，我微笑著，偶爾在正確的時機點頭，我的眼神也很到位，貌似專注看著對方。這是我今天交談的第五位朋友，咦？從何時開始，我的思緒悄悄離開了這間美麗的咖啡館，隨著伽利略號太空船，一路往木星飛去。

「月琪，我到底該怎麼辦？」船身猛然而止，疾速返程。她剛說了什麼？我漏聽了什麼重點嗎？

你偶爾也會這樣嗎？「看起來」有在聽對方講話，其實正在想晚餐要吃什麼。

許多時刻，我們可能不如自己以為的那樣專注，尤其太多工作要處理，數不清的網路影片吸引我們的眼球，臉書訊息不斷跳出來，都大大阻礙耳朵執行任務。於是，在這充斥聲光誘惑容易分心的時代，「聆聽」變成最需要「刻意練習」的能力之一。

願意翻開此書的你，一定希望在口語表達上表現得更好，與人互動更和諧愉快。當我回憶起那些相處起來特別舒服的朋友，不一定口才流利、絕頂聰明，但通常有善於聆聽的特質，讓人倍感重視。

該如何提升聆聽力呢？如果有幸加入屏風表演班，創辦人暨戲劇大師國修老師也還在世，他可能會請你做一項「干擾練習」，進行步驟如下：

甲乙丙三人站成橫排，丙站在中間，甲乙各站在丙的兩邊，同時對丙敘述一個完整的事件。過程中，丙不需要回應任何話。等引導者喊停，甲乙停止敘述，丙再說出自己聽到甲乙說了哪些內容。

沒有很難對嗎？非常好，我們繼續。

進階版就稍有挑戰性了。當甲、乙同時對丙敘述一件事，丙這時必須輪流與雙方對話，而且要使用完整的肯定句，不能只是「嗯、啊、喔」這麼偷懶，比方丙對甲說：「我覺得隔壁的志玲對你有意思喲！」接著轉頭回應乙：「你剛提到的企劃點子我很喜歡。」同樣地，當引導者喊停時，甲乙需立刻停止說話，丙再分享自己剛聽到了哪些內容。

以上練習，不只單純考驗「聽」這個行為，更考驗專注力、記憶力，以及快速組織語言架構的能力，屏風表演班的戲劇作品常運用這樣的技巧，創造出人物對話的趣味及張力。

我的學員大多數不是舞台劇演員，帶領的方式比較「溫和」，遊戲規則很簡單，兩人一組，A先用三分鐘的時間，向B說一件最近在工作上覺得煩惱的事，B在這三分鐘內，不能發出任何聲音，不給意見，肢體語言降到最少，就只要專心聽對方說了什麼。

遊戲規則才講到一半，台下已經出現一陣騷動。「蛤？怎麼可能？」也有人胸有成竹：「才三分鐘嘛！那有什麼問題。」

「對了！不可以記筆記喔！」我補充說明，有些學員哀怨地放下筆記本。

我繼續說明，等三分鐘時間到，B要用兩分鐘的時間，重述剛剛所聽到的內容給A聽，無論B講得對不對，是否遺漏或誤解了所聽到的內容，A都不可以反駁或補充說明。

接下來，兩人角色互換，換成B對著A講一件自己在工作上的煩惱，A同樣不可以出聲，就只能專注傾聽。

等雙方都輪流扮演「說話者」與「聆聽者」的角色，最後再進行全班討論及分享。

「老師，我發現當有人專心聽我講話，而且我講的話被聽懂了、被記住了，會有一種被了解接納的感覺。」

「我沒辦法不回話耶！我就是很想馬上給意見。」

「我發現對方講話的時候，眉毛好有戲，手的變化動作也特別多，感覺他好有活力啊！」

「剛剛做這個練習，我跟對方突然產生一種很微妙的連結，好像我們已經認識很久了，這種感覺很好。」發表這段感想的兩位同仁，來自不同單位，今天才第一次見面，專注聆聽，讓他們馬上有了很深的連結感。

聆聽練習可視情況調整長度，如果時間充裕，連續專注聆聽對方說話十分鐘以上，更能看得出效果。許多學員反應，光是專心聽人說話三分鐘，而且不發表任何意見，都不是件容易的事。電腦一陣子不使用，會進入「休眠」狀態，聆聽力也是，還是需要用點心思，隨時喚醒它。

聆聽，更是主持人的必備能力之一。我也曾在專訪來賓時，思緒一會兒停在過去：「啊！我剛剛措詞會不會太直接了？」一會兒又飄到未來：「糟糕，時間不夠了，抽掉哪幾題比較好？」等訪談結束，部分來賓回應的細節很精彩，我卻想不起來，事後很懊惱。

當你專注聆聽，當下的每一分每一秒都是真實的，常有意想不到的收穫。腦袋放空，只是肉身待在那裡，對彼此都虛度了光陰。

即使事先做足功課，進行專訪若只是照本宣科，問完第一題，無論來賓回答什麼，就繼續提問第二題，接著第三題，這段訪談會少了些驚喜。有經驗的媒體同業一定有共鳴，專心聽來賓講話，從中發現蛛絲馬跡，循著某一點繼續往下探問，所得到的故事往往特別精彩，交談的氛圍也會格外融洽，彷彿兩股能量和諧共振，結束後也會特別滿足，甚至因此與你的受訪者成為朋友。

某年我主持一場藝廊媒合會，其中一個重要環節是安排台灣最具代表性的八家畫廊代表上台簡報，每人發表八分鐘。主辦單位希望我在每位來賓分享完畢後，總結一、兩個重點，再介紹下一位出場。為了抓關鍵內容，我比平常更專心聽講，結果主持這場活動收穫特別大，因為簡報太精彩，我還忍不住做了不少筆記。

原來，畫廊經營者和藝品收藏家不只在乎創作者的才華，更在乎創作者的生活作息和人格特質，尤其是「品德」。我也從旁學習到新秀藝術家該如何行銷自己，該思考哪些面向，創作生涯才能走得更長遠。雖然我不是藝術家，但身為節目、課程及書籍內容產製者，也常需要大量發想，還有向大眾介紹自己所做的事情，在密集聽完八位專家無私分享後，就像上了一堂人生行銷課，醍醐灌頂。

「聆聽」和「表達」，乍看之下像是對立面，其實更像一陰一陽，同時存在才完整。無論進行工作上的訪談，或是社交對話，認真聽對方的一言一語，完全投入當下，對方絕對能感受到你對他的重視，更願意跟你傾訴許多故事。

多年前我專訪電影《練習曲》的男主角東明相，當年這部電影大受歡迎，掀起一股騎單車環島的熱潮，至今不退。東明相是一名重度聽損者，對生活懷抱著熱情，他在二〇〇八年出版繪本《我想聽見你》，提到那些尋常人可以輕易做到的事，比方能聽到音樂、跟人聊天、講電話，都是他所羨慕的事。記得有一段時期，我教課或主持到一半，突然出現耳鳴，短則幾分鐘，有時持續好幾個鐘頭，十分困擾。唯有身體出狀況的時候，才意識到能夠隨時聽得清楚、想開口就講得出話來，是多麼幸福且值得感恩的事。

二〇一四年，台灣紀實節目《Hello! Brain：尋找聲音的腦內旅程》，以東明相為主角，研究聽損者接觸聲音的大腦世界。由於聽力受限制，東明相反而運用更多感官，比如用皮膚去感受聲波撫過皮膚表層的頻率，他感性地說：「連心也一起震動了呢！」

無法聽到聲音的人，多麼努力想要了解聲音風景，我們既然擁有這樣的能力，請務必好好珍惜，讓聆聽成為最有力量的言語。

多學一門外語，豐富旅行的無限可能

「我們永遠不可能真正去了解一個人，但那又怎麼樣呢？重點是願意試著去了解的企圖。」

——電影《愛在黎明破曉時》

想在異鄉有所收穫，前提要能聽懂彼此的意思，肢體語言固然可以幫上一些忙，譬如用手指隔壁桌的鴨胸沙拉說：「我要點那個。」卻很難透過比手畫腳、眉毛抖動，跟外國朋友交流最喜歡的電影、英國到底該不該「脫歐」、法國女人真的怎麼吃都不會胖嗎？……這類比較深入的話題。

我幾乎每年都會到國外自助旅行一個月左右，獨自旅行必須親自解決各種狀況，舉凡跟房東借吹風機、受到不公平的對待要為自己喉舌、確認地鐵罷工何時結束，都需要開口溝通。很多朋友不敢自己出國，一問之下，往往自認外語能力不足，實在很可惜。希望接下來的幾則故事，可以增加大家學習新語言、在國外勇敢溝通的動力。

回想我第一次自助旅行是在泰北第二大城清邁，走在街頭，一名法國男人向我問路，當時我的法文程度僅限於打招呼，對方只會中文的「謝謝」，雙方英文程度倒是勢均力敵，都屬於「普通」等級。當晚，我們坐在假日市集的彩色塑膠椅上，扒著芒果糯米飯，聊起前世今生。

「妳相信輪迴嗎？」法國男人問。

「我沒有特定的宗教信仰，但我覺得輪迴這概念挺迷人的。」我說。

「我不相信命運，但我願意相信人可能有下輩子，就算如此，我們不應該在這一生偷懶，想嘗試的事物就盡情去嘗試，該做的事還是要做。」他說。

旅居清邁的那幾天，我們偶爾結伴出遊，聊天話題從東方風水、台法租屋合約的差異，漸漸擴展到歐洲失業現況、伴侶同居法令與婚姻價值觀。對方是企業顧問，做過人力資源管理（ＨＲ），這些背景讓我們善於「替換」不同字句來形容想表達的意思，文法或許不夠正確，但由於彼此都有溝通的意願，對事物懷抱高度好奇心，交流起來依然十分愉快，收穫頗豐。

該學多少種語言、精通到什麼程度，才能在旅行中享受與人交流的美好？每個人的「立基點」和「滿足點」不同。我在大學念的是中文系，與英語最近的距離是選修「希臘羅馬神話」，課本裡全是由拉丁文翻譯而來的「古典英文」，辭藻優美而冷僻，光讀懂字句都很吃力，幾乎沒機會在日常使用到。換言之，我旅行時使用的英文，大多仰賴高中時期打下的基礎。後來愛上《六人行》、《X檔案》、《慾望城市》等美國影集，終於多學會了「外星人」（alien）、「怪異的」（spooky）、「搞砸」（screw up）這類難保哪天可以派上用場的單字。

出國前，我不只翻閱旅遊工具書，更喜歡讀跟該國有關的文學作品。每次去法國，海明威《流動的饗宴》就會被我重新翻閱一次，《紐約時報》駐巴黎通訊記者伊蓮．秀黎諾（Elaine Sciolino）所寫的《法式誘惑》，也在我的複習清單，這樣跟法國人聊天時，可以對照她筆下提到的法國文化和生活品味的幽微精髓，是否真如書中所示。

猶記第一次去法國，我半句法語都不會講，常受到不友善的對待，或被當成

「透明人」。第二次成行前，我特地到台灣法國文化協會（Alliance Française de Taïwan）學了兩期法文，返台後，斷斷續續又學了幾年，並抽空考了法語A1官方檢定。具備A1程度無法在法國找工作或申請研究所，但應付點餐、問路、確認火車有沒有誤點等基本溝通需求，綽綽有餘。隨著法語能力從嬰兒邁入幼稚園階段，我跟當地人的互動越來越多，開啟了更多的連結，獲得的驚喜待遇水漲船高。

二〇一五年，我遠赴里昂（Lyon）參加朋友婚禮，里昂是法國美食之都，朋友推薦我一定要試試當地的傳統小酒館（Bouchon）。仔細端詳手中的法文菜單，賣力用法語念出想點的菜餚：

「先生，我想要一份里～昂～沙～拉，一份葡萄乾燉～鵪～鶉，和巧克力冰淇淋。謝謝！」

點完餐，小酒館響起熱烈的掌聲，全體客人竟為我鼓掌！隔壁桌情侶與我攀談，我的法語程度無法撐得起長時間對談，小聊幾句還行，英法穿插，一樣聊得盡興。

參加完婚禮，我轉往南法住了十多天，順便報名參加半日遊的當地團，造訪

《山居歲月》作者彼得．梅爾（Peter Mayle）筆下的紅土城（Roussillon）等地。同團旅客來自歐美及中國，只有我會講一點法語，車子行進間，其他人睡成一片，或自顧自跟家人朋友聊天，只見我興致勃勃聽著導遊介紹普羅旺斯的風土民情、葡萄品種，並舉手發問：「為何亞維儂的風那麼強？南法那麼多地區，哪裡的居住品質最好？」

行程結束前，導遊告訴我：「帶完這半天行程，我就沒事了，妳如果有空，我可以繼續載妳欣賞幾個私房景點，那些才是我們當地人最常去的地方呢！」機會難得，我欣然接受邀約。學習當地語言，尊重對方的專業，專心聆聽對方說話，我相信是獲得這意外旅程的主因，因此，我又斬獲了新的故事和回憶。

亞維儂的季節風很強勁，圍巾是旅行良伴，能保護喉嚨免受風寒。挑選完圍巾，市集老闆告訴我：「法文很難，尤其動詞變化，連我們自己都很常說錯，妳那麼認真學習我們的語言，除了有一些外國口音，基本文法幾乎沒出錯，真的很令人感動。這條圍巾算妳便宜一點，妳可以買杯咖啡，好好享受假期！」

願意花多少時間學習新語言，決定權完全在己，請不用有壓力。如果不希望旅行只是走馬看花，在時間允許下，出國前不妨報名一、兩期外語課程，或善用線上學習影片，只要掌握該國的基本問候語、旅行常用句和正確發音，就足以讓你的旅程有新的可能。

學習語言跟學游泳很像，永遠無法在岸邊或看書而學會，必須勇敢一躍而下，跳進水池。把握每次開口的機會，重點是「溝通的意願」，彼此願意為這段交流，給予多少時間去理解彼此想說的話。

最後，再分享一則真實趣聞。有位男子住飯店時，發現房裡有老鼠，他的英文不好，但聰明引用一部很有名的卡通《湯姆貓與傑利鼠》（Tom and Jerry），順利跟櫃檯人員展開溝通。對了！如果你沒看過這部家喻戶曉的美國卡通，容我說明一下，湯姆是隻常常生氣的貓，傑利是隻聰明伶俐的小老鼠，湯姆永遠忙著追逐傑利，但傑利總是把湯姆耍得團團轉。以下就是男子與櫃檯人員的對話。

「這裡是櫃檯，您好，請問有什麼事嗎？」

「不好意思，我的英文不好。」

「沒關係。」

「你知道《湯姆與傑利》嗎？」
「知道，是一部卡通。」
「我的房間有傑利。」
「你是指，你的房裡有老鼠？」
「是的，請來處理一下。對了，你來的時候，麻煩帶湯姆一起來。」
「ㄜ，可是我們旅館沒有湯姆。」
相信你的英文程度一定比這位男子還要好，勇敢開口吧！也祝福這位客人的房裡已經沒有傑利鼠。

勇敢走出日常，我與英國BBC電視台的面試經驗

「世間有一種人，要開口雖然得花一點時間，不過一旦開始說起話來，卻能以安穩的口氣說出非常有趣的事情，愛爾蘭卻正像這種人。」

——村上春樹《如果我們的語言是威士忌》

「如果給妳機會選擇，妳最想改變什麼？」

這是二〇一六年我參加英國國家廣播公司二台（BBC Two）的新節目《The Life Swap Adventure》越洋視訊徵選時，被問到的核心問題。記得當初我回答：「如果時光能重來，我希望自己更勇敢，多嘗試不一樣的事物，早點開始旅行，對了，還有多談戀愛。」隔著螢幕，節目工作人員跟我都笑了。

BBC Two是英國第三個電視頻道，一九六四年開播，一九六七年成為歐洲第一

個彩色電視頻道，以製播娛樂與知識類型節目為主。

新節目概念很棒，每集挑選兩位從來沒去過彼此國家、生活型態截然不同的人，短暫交換住處七天，展開一段人生冒險，探索當地文化。等旅程結束，或許會產生一些新的思索，新的改變。

第一季的第二集來到台灣拍攝，製作單位徵求一位四十歲以上，從未到過英國，能用英語表達溝通的台灣女性，不必特別流利沒關係。這無疑是極誘人的企劃案，著迷旅行又是ＢＢＣ忠實觀眾的我，看到這消息，雙眼瞬間發亮！據說應徵者不下數百人，我在徵選截止前寄出申請，接著就去逛誠品。

「請問Mia在嗎？」穿梭在書陣中，我接到一位聲音聽起來很年輕的外國女生來電，操著悅耳的英式英語。

沒想到那麼快就有回音，各國媒體在「找來賓」這部分很像，迅速積極，雷厲風行。

「妳好，這裡是英國國家廣播公司，我叫Alana，我們收到妳的資料，對妳很有興趣，現在有空聊聊嗎？」我的心臟狂跳，但語氣鎮定地說：「不好意思，我正在外面，方便兩小時後我們再通電話嗎？」

「當然沒問題。」

我火速結帳，抱著書飛奔回家，當晚先進行初步電訪，問題很簡單，像是中情局探員跟你閒話家常。

「妳去過英國嗎？」

「以前去過哪些國家？」

「請介紹一下妳的工作。」

「妳家有哪些成員？」

「妳一個人住還是跟家人住？」

「如果被選上了，妳有辦法立刻出國嗎？」

不到半小時，Alana跟我約了第二次視訊面談，可能想看看我長什麼樣子。

這次透過視訊螢幕，Alana有了具體的形象，是位面容清秀的長髮女孩，坐在一個小房間裡，門外就是神祕的ＢＢＣ電視台總部。關上門，隔絕外面的熙來攘往，我們開始對話。

「不工作的時候，妳都做哪些休閒活動呢？」Alana問。

「我喜歡看書、聽音樂、調配精油薰香；也喜歡逛書店、看表演和電影、聽演講、學舞、進修課程，還有跟朋友聊天。對了，天氣好的時候，我也喜歡去公園散步。自從暫別廣播，每年我會安排一段時間出國旅行。」可能我舉的例子太藝文，她突然補問一句：「妳會去美髮沙龍嗎？或做個美甲保養？」當然會啦！我大笑，對著鏡頭，秀出剛做好的光療指甲。

過了二十分鐘，漸漸切入正題：

「在妳眼中，台北有哪些特別之處？」

「如果英國朋友到台北，妳會怎麼安排一天的行程？會想帶她去哪些地方？」

「妳的家人或朋友會講英語嗎？他們也可以協助接待嗎？」

逐一回答後，我好奇反問：「你們挑選來賓，有想像過他需要具備什麼樣的特質條件嗎？」對方思索了幾秒：「坦白說，我們沒有預設立場，我想盡可能跟不同人聊聊，跟大家談話很有意思。」

面談結束後，Alana謝謝我特地撥出時間：「跟妳聊天真的很愉快，妳問的一些問題我以前都沒想過呢！」她也坦白預告，如果一個月內沒收到通知，代表節目團隊找到其他更適合的人選，礙於人力有限，就不個別通知，尚請見諒。

能夠跟欣賞的外國媒體做些交流，還進入第二關面試，已經是很棒的經驗了。是的！我沒被選上。

隔天，我和好友N聊起這段經驗。她曾是資深電視導演，拍過的節目不勝枚舉，還曾入圍金鐘獎，她認真分析：「以電視拍攝的思考角度，妳喜歡的領域太集中了，取材稍嫌單調，無法突顯台灣的多元文化，這樣拍起來畫面不夠豐富。」意思是說，如果我有通靈體質，白天教課主持，工作之餘是去宮廟幫忙收驚和解籤詩，週末在大安森林公園教八卦掌，假日去夜店當DJ，勝出的機率應該會高很多。

你可能跟我一樣好奇，最後製作單位選擇哪位女性，她有什麼樣的人格特質和生命故事？在歐洲媒體的鏡頭下，台北又會呈現出什麼樣的風貌？

答案揭曉，雀屏中選的台灣來賓Kathy是一名事業忙碌的媽媽，她與丈夫及女兒同住，並與女兒一起經營服裝生意。她形容自己超過三十年沒停下過腳步，總是忙忙忙，希望有機會遠離喧囂的城市生活，多點自己的空閒時間。

而初訪台北的Margaret是一名六十四歲的漁夫，住在英國西北部蘭開夏（Lancashire），與先生過著非常單純的漁村生活。Margaret一輩子沒去過大城市，居住的村子只有三十二棟房子，六十四位居民，她很好奇外面的世界。

節目呈現幾個鮮明的對比意象：大城市與小漁村、繁忙與慢活、自炊與外食、疏離與熱情，以及「地景聲音」的喧譁與寂靜。

兩位主角的共通點在於，身邊都有愛她們的丈夫和家人。特別喜歡她們的丈夫女兒在接待客人時，總是笑咪咪的，樂於分享家鄉的一切。我欣賞Kathy的開朗直率，很快與人打成一片；也欣賞Margaret與人交談時，語氣不疾不徐，眼神充滿誠懇，面對不熟悉的環境，她總是用正面的話語表達，努力理解他人。

其中有個片段令我莞爾，當Margaret看到馬克杯印著一位女性的照片，禮貌地問：「這是你太太嗎？」對方回答：「不是，這是我們台灣的總統。」

旅程結束，兩人各自回到自己的家，Kathy熱情擁抱老公，夫妻倆興奮討論搬到鄉間生活的可能性。至於Margaret，她很滿意自己在漁村的小日子，不覺得需要做任何改變。

節目開場的提問很發人省思：「It's easy to know what makes you miserable. But what makes you happy is really a hard thing to find out.」我們很容易知道哪些事情讓我們感到不幸，但要找到哪些事情讓你快樂，真的很難。

做哪些事情，跟哪些人相處，會讓我們感到快樂，充滿活力，心中會有深刻的平靜？就算不改變居住環境，也能得到幸福感，每個階段的答案可能稍有不同。確定的是，保持樂觀開放的態度，全心投入每一刻，多開口交談，用新的眼光欣賞已擁有的一切，比較容易發現「生活的喜悅之道」。

不瞞各位，寄出報名表前，我有很多「擔心自己不夠好」的內在評價，擔心英語發音不夠漂亮，文法不夠正確，害怕聽不懂對方的提問。Kathy的英語程度並不出色，但她活用簡單直白的字句，搭配豐富的肢體語言來表達，基本溝通也挺順利的，越看越覺得她很可愛。

我也曾猶豫是否要公開這段「徵選失敗」的經驗，當我決定分享，意外得到許多迴響。

「哇！妳有去徵選？太棒太酷了！」

「真的很佩服妳的行動力，不論結果如何，過程才是難忘而珍貴的回憶。」

「被妳願意嘗試的勇氣所感動，好受激勵啊！」

我們常忘記，光是有勇氣踏出第一步，就足以鼓舞他人，而說出肯定的話語，讓人有更多勇氣迎接新的挑戰。

口語表達能力是一點一滴累積而成，實戰經驗越多越好。多給自己一點「走出日常」的勇氣，別讓語言能力或身分角色，成為阻礙你探索世界的枷鎖。越敞開心胸，越容易有驚喜，每一天都將是令人期待的奇幻冒險。

chapter 4

建立自己的言談風格

用字遣詞，形塑你的外在形象

「我學會了，在匆匆忙忙開口說話之前，先思量我的話。」——美國經典文學《小婦人》

「風輕輕吹拂，行走過長長的田野，像孤獨旅人的行程，把影子留在身後。山巒起伏綿延，白雲跟谿谷告別，一朵一朵，緩緩向上升起、散開。我想告訴你，今天的大地和天空，歲月如此，生命如此，雲淡風輕。」

剛結束台東池上小旅行的我，滿足地闔上蔣勳老師的新書，腦海生動浮現他筆下勾勒的畫面。

很多人都希望像蔣勳老師，外表風度翩翩，出口成詩，聲音又那麼迷人。他演講幾乎不需要投影片，娓娓道來，就是一幕幕令人不捨閉目的好風景。

蔣勳老師曾說，在巨大的美面前，在莫大的感動之下，言語可能就失去了功能，你得要用「心」去感受。然而大部分的尋常生活裡，我們仍免不了透過言語來表達所思所想，因此，平常習慣使用哪些詞句，遇到一件事，你選擇「怎麼說」，還是非常重要的。每一項口語表達習慣，都會一點一滴形塑他人對你的印象。

有位ＤＪ長年主持音樂節目，他常這樣串場：「剛剛播放的那首歌曲是不是很好聽呢？接下來讓我們再來欣賞一首好聽的歌。」等歌曲播完，他又說：「是不是很好聽呢？接下來選播的這首歌也非常好聽，讓我們一塊兒來欣賞。」他咬字清晰，講話流利，可惜短時間重複出現相同的台詞，身為聽眾，沒能從他口中得到更多關於曲目、演出者的背景故事，或者他對這首歌的見解感受。有時礙於各家媒體規範，只有很短的時間可以讓ＤＪ發揮，還是可以花點心思，變換不一樣的說法。若你的職業角色，是負責擔任大眾與知識之間的橋梁，請務必多琢磨詞彙表達，讓你想推廣的作品、理念、人物，更有吸引力。

比方播放小野麗莎的Bossa Nova，正是召喚出你隱藏已久的「編劇魂」的好時機：「剛剛播放的這首歌曲，是不是讓你感覺現在正在夏威夷度假呢？躺在海邊的躺椅上，有隻海鷗從眼前飛過，天氣有點熱，突然間，長得像基努．李維的型男拿著一杯冰涼的鳳梨汁，朝你走來。好！帥哥我們待會兒再研究，先來欣賞下一首歌曲……」

常有學生問我，如何豐富自己講話時的詞彙？說來老生常談，但真的很鼓勵大家多閱讀。達賴喇嘛曾說：「我增長智慧靠的是讀書和經驗。」連世界精神領袖都如此勤於閱讀，比爾．蓋茲也是，把閱讀排入每天可以滋養自己的清單，收穫絕對超乎你想像。

另外，盡情涉獵不同類型的電影、舞台劇、講座、文學作品，多看人物專訪節目，多跟不同領域的人聊天。我非常喜歡葛雷漢．諾頓（Graham Norton）、艾倫．狄珍妮、詹姆士．柯登（James Corden）這幾位英美脫口秀節目主持人，他們的談吐比喻非常幽默詼諧，每每令我驚豔發笑。「幽默」可是一種非常高段的口語表達，要對人事物有通達的理解，還有足夠的自信，加上一點冒險犯難的精神，才能說出有趣又不冒犯他人的話語呢！

英文補教名師徐薇接受專訪時，曾斂起一貫甜美的笑容，認真告訴觀眾：「No magic, just basic.」學習新語言是沒有魔法的，你必須打下紮實的基礎。很遺憾，我們大腦裡沒有住著一位神燈精靈，彈指之間就能憑空出現各種內容，所以得在大腦資料庫裡「持續存款」，最好各種幣值都有，需要的時候，才能調出想要的內容，派上用場。

我很欣賞一位作家及主持人謝哲青，談吐之間，處處流露文人的感性情懷。他曾在西班牙朝聖之路（Camino de Santiago）講座中，用幾首唐詩宋詞，作為串連整場演講的分野轉折，令我印象深刻。他誠懇地說：「人生旅途的美好，並不在於一程山水一程風月的恣意灑脫。最感動美好的，是在白雲蒼狗，滄海桑田後，仍保有初衷的美好。」擁有藝術史和考古學雙碩士的他，時常引經據典，但絕非刻意「掉書袋」，而是這些詩句早已內化在他心裡，很自然提取這些文字故事來輔助表達想法。也因此，謝哲青雖不是巨星級的主持人，秉持著獨樹一格的談吐風格，深厚的藝文底蘊，鮮明樹立他的質感形象。

這讓我突然想起「講究」兩個字。當我們覺得某個人「談吐真好」，他肯定是在不同場合與人交談、面對不同議題時，對字詞的選擇有所講究。對事物講究的人，終究會培養出一定程度的美感品味。即便想表達的是嘲諷揶揄，也會因為字句用得精準，讓人拍手叫好，點頭鼓掌！

如同到巴黎若想看型男型女，大家一定會去香榭大道，若想聽名言佳句，除了TED，我也特別喜歡看奧斯卡、金球獎、金馬獎這類大型頒獎典禮。不諱言有一部分是出於「職業病」，想看看主持人們如何開場串場，頒獎人如何引言。我更喜歡看得獎者發表感言，特別能流露他們一路走來的人生觀和說話風格，常有令人怦然心動的佳句出現。

舉例來說，梅莉・史翠普（Meryl Streep）對於美國總統川普的反移民態度深惡痛絕，二〇一七年她獲頒金球獎終身成就獎時，便在這全世界關注的舞台正色發聲：「好萊塢有許多外來者、外國人，如果我們把他們全部趕走，各位以後就只有美式足球和綜合格鬥可看了，但這兩者可算不上藝術。」致詞結尾則引用已逝的演員好友、飾演《星際大戰》莉亞公主聞名的嘉莉・費雪（Carrie Fisher）送給她的名言：「捧起你破碎的心，讓它化為藝術。」（Take your broken heart, make it into art.）

梅姨不畏強權，勇於提出她不認同的理念，也運用溫柔的言語，撫慰觀眾的心。聽過她訪談及演說的人，很難不被她那深刻、具有人道精神的內涵打動。相信「莉亞公主」在天堂也會很高興，自己所說的話，可以在這樣的場合，被好友傳述分享。

另外，深具公眾演說魅力的美國前總統歐巴馬，當年發表勝選感言，則提到對自己妻子的感謝。沒有深奧詞彙，簡單幾句話就充分呈現出妻子對他的重要性，把蜜雪兒鄭重介紹給全國人民，值得每位有另一半的政治人物學習。

「如果不是有我十六年來最好的摯友、穩固家庭的基石、我生命中的摯愛，以及美國下一任的『第一夫人』蜜雪兒．歐巴馬，我今晚不可能站在這裡。」（I would not be standing here tonight without the unyielding support of my best friend for the last 16 years, the rock of our family, the love of my life, the nation's next first lady — Michelle Obama.）

閱讀本書的你，會不會有種焦慮，覺得一定要用很優雅厲害的字詞，才稱得上是個有質感的人？請不用擔心，只要帶著品嚐美食的心情，去品味每個人所說的話，通常會讓你耳朵一亮、留在心裡的，會是比較符合你價值觀的文句。把喜歡的詞彙語句記下來，找機會多加運用，漸漸地，言談間的用字遣詞，就會越來越趨近你欣賞的那些人，假以時日，你也會呈現屬於自己的口語表達風格，在不同場合，調度出最適合的詞語。

別擔心言談風格，真實做自己

「你尋找的東西，它也在尋找你。」——蘇非派神祕主義詩人／魯米（Rumi）

去年受邀回母校清華大學演講，對象是二〇一六年才增設的藝術學院大一新生，包括音樂系、藝術及設計系。這系列「春之清華」藝術講座，以一年為期，每月邀請一位產官學界人士進行分享，講者包括行政院數位政委唐鳳、衛武營藝術總監簡文彬、國家文化藝術基金會董事姚瑞中，以及《新活水》雜誌社長張鐵志等等，很榮幸也很開心跟學弟妹分享口語表達主題。

回到家，收到某位學生私訊，因為我在演講中提到，多觀察他人的言行表達，並建立個人談吐風格的重要性，他不禁困惑：「當因為學習而使自己的說話風格和自己欣賞的人有些重疊時，應該注意不要和對方太類似嗎？如果為了擺脫而擺脫，剩下的還能算是自己的風格嗎？」這個問題非常棒，帶有那麼一點哲學思考意味，練習繞口令也很適合，我原封不動保留整段提問，就讓我們來聊聊「風格」這件事。

容我先用「寫作」做譬喻，有心寫作的人，都有自己喜歡的作家，你喜歡吉本芭娜娜，他喜歡夏目漱石，在創作初期，人人宛如一張白紙，用字遣詞及形式架構比較容易受影響。

小時候，我對德齡郡主寫的《御香飄渺錄》很著迷，這是一本慈禧太后私生活的實錄，其中，描述各業「藝工」的篇章特別吸引我。有篇提到宮裡的製絲程序，負責製絲的女孩子們，把絞好的生絲整理好之後，漂洗一次，在日光下晒乾，再染上各種顏色。一方石坪裡，晒滿深紅淺綠的彩絲，按照顏色深淺的順序排開，陽光照耀下，美不勝收。而慈禧太后永遠可以一眼就看出兩種顏色之間缺了某種調和的顏色，眼光真是銳利！

書裡對色彩的形容很迷人：「草綠、嫩綠、湖綠，最後淡得像象牙白。」那是我第一次發現綠色原來可以有那麼多種層次，藍也不只一種藍色的形容。這本薄薄的小書還提到製鞋、刺繡、養蠶種桑、慈禧的日常保養，開啟我對生活品味和色彩描述的視野想像。

學生時期，我最愛詩詞、小說和文學賞析，我會從厚重的《紅樓夢》挑出喜歡的句子，抄在筆記本上，趁四下無人，輕輕念出聲來；也會小心翼翼把收音機靠近電視旁，錄下歌仔戲主角們的念唱橋段，反覆聆聽。

古文用字講究，重視韻腳與對仗，早期我偏愛這種工整、瑰麗典雅的風格，寫作筆法也向其靠攏。慢慢地，武俠推理、心理成長、靈性療癒、時尚、生活品味及旅行文學都納入我的閱讀版圖；保羅・科爾賀（Paulo Coelho）、愛麗絲・史坦貝克（Alice Steinbach）、芭芭拉・安吉麗絲（Barbara de Angelis）、一行禪師、喬・卡巴金博士（Jon Kabat-Zinn）的著作也攻佔我的書架。我無法精準指出在寫作或講話時受誰的影響，就像把所有材料攪拌均勻，放進烤箱，經過一小時後，令人垂涎欲滴的美味蛋糕出爐了！食材完美交融，早已不分彼此。

我擅長記住與人相處的場景及對話，還有旁枝末節的細節；喜歡溫暖勵志、輕鬆幽默、探討人性的題材，對恐怖片敬謝不敏。所有喜惡形塑了我不同時期的寫作風格，也連帶影響我的言談風格。

不難想像，我最得心應手的就是主持藝術文化節目，介紹新書、表演藝術和生活品味主題特別受到好評，後來找我主持的活動類型，也絕大多數是新書發表會、藝文記者會和頒獎典禮。主持藝文活動需要細緻豐富的言語表述能力，講究質感的措辭及聲調，由於藝文早已是我生活的一部分，在介紹相關詞彙和藝術家時，我講起來特別自然流暢，是打從心底喜歡。我並不是一開始就設定要當一個藝文主持人，而是自然而然，走上了這條路。

常有不少學員表示對活動主持有興趣，有人想主持婚禮，有些對國際論壇情有獨鍾，某位學員想主持新書發表會，當我問起：「那你喜歡閱讀嗎？一年大概看幾本書？最近有什麼好書可以推薦給老師嗎？」卻完全語塞。倘若沒有閱讀、看展演的習慣，又剛好接下藝文主持工作，容易說出不得體或過於粗糙的修辭，一開口，觀眾怎麼聽怎麼尷尬，「風格」就是如此微妙的東西。

以談吐表達來說，我很欣賞梅莉．史翠普、歐巴馬夫妻檔、歐普拉、精神科醫師鄧惠文、幽默善良的艾倫．狄珍妮，還有景仰當年我的清大中文系老師王安祈。

張艾嘉也是我非常喜歡的演員，無論她擔任金馬獎評審或接受媒體專訪，談吐總是那麼不疾不徐，從容自在，充分展現她的智慧與高情商。

儘管看了他們的電影、著作、戲劇節目、媒體報導，再回頭檢視自己的講話速度、咬字輕重，生活所在地的習慣用語、思維差異，必定造成我與上述偶像截然不同的言談風格。我永遠無法、也無須變成他們當中任何一個，我只需要做真實的自己。

從藝文主持到口語表達教學，我花了二十多年走出自己的路，這條道路會通往何方，沿途是否還會開出新的花朵，尚有許多未知的可能性，仔細想想，這不是很令人期待嗎？

每個人就像一座生機勃勃、潛力無窮的豐饒花園，不同時期澆灌不同養分，搭配與生俱來的天賦性格、生命經驗及環境陶冶，加總起來，再經過自己的詮釋轉化，自然會形成獨特的風格。因為學習，而跟欣賞的人變得「太類似」，其實挺困難的，除非刻意模仿或有意抄襲。

有位朋友開了間甜點店，他製作的點心美味可口，食材高級講究，從菜單設計到蛋糕名稱都別出心裁，連店內裝潢到餐具擺盤都讓網美們心動不已，拿起相機猛按快門。無奈的是，他常收到親友拍下其他店的菜單和甜點照片：「你看！這家店的甜點和菜單跟你的好像！」一個性溫和的他，仍然認真做著自己喜愛的事物，繼續用心經營自己的小店鋪。經過這些年，他的店鋪口碑魅力不減，很難預約。截至目前，我只記得這位朋友的店鋪名稱，其他仿效者我一個也記不住。真正的風格一旦建立，有心人即便抄襲，也很難輕易撼動，因為樹立風格的人，也在持續成長進化著。

言談風格需要時間來養成，有可以學習的榜樣，是很幸福的事，請感謝並珍惜這些創作出好作品，以及在我們面前展現典範的人，向他們擷取養分之後，請尊重原創，切勿原樣複製。多獨立思考，勤加練習，每個人終會找到自己言談風格的路徑和聲音，你會找到它，或者，它終究會找到你。

說話有始有終，並記得感謝

「要用心來操縱舌頭，而不是用舌頭來操縱心。」——猶太諺語

我曾花費三年時間，陸續放下兩個帶狀廣播節目外加一個塊狀節目，漸漸把重心轉到活動主持及口語表達教學領域。告別熟悉、充滿活力而且常能跟夢幻嘉賓在同一間「密室」裡深情相望的身分，就像跟相處多年的戀人分手一樣，固然傷感，但人生還是要繼續前行。職涯轉變後，許多來賓朋友與我依然交好，也有些漸行漸遠，終於失去消息。個中冷暖我很少公開向外人提及，若你曾經跨過人生跑道，有過跌宕低潮，我們一定很有話聊。

部分久未聯繫的節目來賓或朋友，並不知道我暫別廣播圈，於是有了以下的小插曲。

某日，手機亮起陌生的來電號碼：「請問潘月琪在嗎？」

「我是。」

「我是〇〇〇，是某某書的作者，之前上過妳節目，好久不見。」

「嗨！〇〇，好久不見。」

「我最近又出新書了，可不可以上妳節目？」沒有熱身，沒有前戲，直接切入重點。

「恭喜妳出新書，這次是什麼主題呢？這幾年都好嗎？」即使我們只有那次錄音碰面，後來再也沒聯繫，我還是很樂意多了解來賓的近況。

她開始訴說對上一家出版社的不滿，從美編設計到行銷宣傳，無不抱怨，憤慨激動的程度彷彿瑞典「環保少女」格蕾塔．桑伯格（Greta Thunberg）痛斥各國領袖忽視天氣變化的重要性。

「謝謝妳跟我分享那麼多，出書真的很不容易，恭喜妳又有新作品了，只是很可惜，我目前沒有主持節目，祝妳的新書宣傳順……」話還沒講完，對方倏然掛斷電話！「嘟嘟嘟嘟」的聲音迴盪在耳朵與話筒之間，我差點懷疑剛剛發生的一切只是南柯一夢。

不知這位來賓後來是否找到適合的媒體做宣傳？我有點替這位來賓感到惋惜，如果她願意聽我把話說完，甚至多跟我聊幾句：「妳為什麼離開廣播呢？那妳最近在忙些什麼？主持活動和節目妳認為最大的差別在哪裡？」關心一下彼此的近況，分享一下她寫書的心得，就有機會從談話中，找到我可以幫上忙的相關連結。雖然我目前沒有主持節目，或許可以引介她去上其他媒體好友的節目。另外，我常在社群平台介紹好書，更不排除未來重拾主持棒，若只因「現在」無法幫上忙，認定不需要繼續與我交談，貿然掛斷電話，這個舉動也一併切斷了彼此日後的緣分。

和上述例子形成對比，另一位出版界的行銷企劃也在我卸下廣播主持人身分後，打來詢問我上節目的可能性。得知我的近況，他語帶遺憾地說：「好可惜妳不做廣播了，當年因為有妳，我們家好多書才有機會曝光，妳主持得那麼好，真的不考慮再做節目嗎？」

「如果有適合的媒體和緣分，時間也調配得過來，我當然很樂意再主持啊！」因為對方多幾句關心，提起當年的交集及感謝，我很樂意多分享對未來事業版圖的規劃想法，也欣然替對方出謀劃策。

「原來如此啊！如果妳再主持節目，一定要告訴我。對了，冒昧問一下，不知道妳有沒有推薦哪個節目或電台主持人適合我們這本書？我可以自己跟他們聯絡。還有，請給我妳現在的地址，我挑幾本書寄給妳，還請多多指教喔！」有了前面的暖心鋪陳，加上我深知每個行業都很辛苦，「作品能被看見」是多重要的一件事，於是我快速列了幾個媒體推薦名單，幫忙牽線，並相約未來有機會再合作。

提出請求或合作邀約時，請好好地開場，好好地結束，多提供對方一些資訊知識，多一點關心讚美，讓「施與受」盡量不要太失衡。有些人沒有達到預期目的，便草率結束對話，或只是一味提出需求。被請託的人，往往能感受到自己是被當成理所當然的便利資源，還是你也在乎他這個朋友。如果是你，在堆積如山的待辦清單中，願意抽空幫誰的忙呢？

在數位平台溝通，也形同面對面說話，所謂「人如其文」，在快速簡便的數位時代，更容易遇到沒頭沒尾的線上交談狀況，以下的情況你可能也不陌生。

「在嗎？」

是不是常收到這樣的開場白，然後沒有下文，直到你回覆：「請問有什麼事嗎？」對方才說明來意。接著你問一句，對方才回答一句，等了解全部狀況，已經過了半個小時。誠心建議一開始就完整說明來意，幫助對方快速了解情況，好判斷是緊急狀況，需要立刻回覆你？還是可以稍晚再處理。若使用即時通訊軟體，必須交代比較長的資訊，不妨事先編輯好，言簡意賅，語句順暢，發送一到兩次訊息，就把事情交代完畢。切莫像擠牙膏一樣，分十幾次傳送，手機或電腦螢幕一直跳出對話框或未讀訊息，而造成他人的視覺干擾。

我收過不少工作邀約，來信資訊完整，整篇內容理性感性兼具，讀起來行雲流水，是非常好的質感表達模範。

「月琪老師您好，我是某某公司的行銷專員○○○，在您百忙中冒昧來信。久仰老師在主持界和口語表達教學領域的專業熱忱，想邀請您於○月○日為敝公司講授六小時的質感表達課程。」

接著說明從何處得知我的聯繫方式，可能是同事曾經上過我的課，因而推薦公司內訓可以找我；或是在學學文創或「Hahow」線上課程平台看到我的課綱簡介，覺得我很符合他們的需求。更重要的資訊還包括說明該公司的背景理念、課程需求、學員人數、上課日期、上課時數、講酬預算等等。

最後，細心體貼補充：「為了方便工作推動，煩請您在〇月〇日之前賜覆，不勝感激！」甚至附上課程需求企劃書，以及相關參考網站連結。

遇到這樣的聯絡人，溝通過程既周到又表示尊重，後續合作通常會非常順利愉快。初期邀約階段，大家比較記得注意細節，可惜在合作結束後，許多人忽略了好好送上感謝，讓整體合作做個圓滿的結尾。

我很欣賞「獨角獸計畫」發起人李惠貞，當年惠貞在大塊文化當主編時，曾上過我幾次節目，她所編寫的幾本書我都非常喜歡。後來她擔任《Shopping Design》總編輯，離開後，又創辦「獨角獸計畫」，以各種有趣、創新的方式推廣閱讀。惠貞的談吐跟她筆下的文字一樣，清晰柔韌，即使提出針砭洞見，也不會讓人不舒服。每次辦完活動，她一定公開感謝所有參與者，並分享心得感想。除了惠貞，我互動過的不少來賓好友也會這樣做，這些人在事業上都有很好的成就，我相信兩者存在著高度的正向關聯。

回顧主持廣播節目那些年，每次節目結束，我會親自燒錄一份來賓上節目的光碟片，親自製作封面，郵寄給來賓當作紀念，來賓收到這份「禮物」都非常驚喜。儘管媒體製播生態改變，為求環保和便捷性，後來我改從雲端寄出音訊檔，少了「拆禮物」的紮實感，但有始有終的感謝心意，一如以往。

「天使藏在細節裡。」我始終這麼認為。

若向朋友詢問事情，或提出協助的請求，無論事情有沒有成，有機會不妨請對方吃個飯或送個小禮物小卡片，簡單捎聲問候：「謝謝你當初給我的建議，還有引薦我認識○○○，一切都很順利。」能夠回饋一些心得就更好了。

人際互動有來有往，對話有始有終，事後表示感謝，一旦嘗試這麼做，會發現你的言語會更有溫度，一切變得更不一樣了。

給自己一段舒服的止語時光

「我們真正的潛能，唯有透過無所事事的時期才能實現。」

——人因研究科學家／安德魯·斯馬特（Andrew Smart）

越來越多人把「斷食」納入生活習慣，斷食的方法有很多種，每個人都有自己信奉的一套準則。我有朋友超過晚上六點就不吃東西，有人每週一吃素，另一位朋友每個月的第一個禮拜天不吃固體食物，只喝新鮮蔬果汁和白開水。

無論為了減重，還是追求心靈成長，在具備安全的知識下，有意識地進行「斷捨離」，讓攝取過量飲食的身體休息一下，非常值得嘗試。

除了斷食，你可曾想過，在忙碌的生活中也為自己安排一段「不說話」的時間，完全不開口，不急著回應別人，不發表任何想法，不找朋友傾訴煩惱，就只靜靜與自己相處，讓終日操勞的喉嚨徹底休息，讓身體有時間修復過度使用、甚至慢性發炎的細胞。

我把這樣的時刻，稱為「舒服的止語時光」。三小時不說話，應該不難辦到，但若想產生更大的效果，建議至少維持一整天，如果拉長到三天，甚至一個禮拜，會更有感覺。

在此，我想分享一段很特別的止語經驗，它讓我對於「不說話」帶來的內在洞見，有了嶄新的感受。

二〇一八年的盛夏，我暫別台北的繁忙熙攘，往赴高雄六龜法邁內觀中心，體驗印度最古老的禪修方法之一「Vipassana」。臨行前，我買了新蒲團，揹了瑜伽墊和家中枕頭，揣著忐忑與好奇心上路。

法邁內觀中心有二十多間灰色寮房，優雅穩重，裝潢簡單樸素，從我的寮房走到餐廳，約一百八十步，再走二十步，便可到靜修堂，此路線每天都會走上數十回，兩側扁柏挺立翠綠，非常賞心悅目。再怎麼緩慢行走，十分鐘便可以把女宿舍區全走遍。

起居規則很簡單，十日禁語，包括避免與人目光接觸與肢體語言交流。凌晨四點起床，晚上九點半就寢。一日兩餐，吃全素，早餐六點半，午餐十一點鐘，新生在下午五點能享用水果與麵茶，偶爾有芝麻糊；舊生只能飲用檸檬水，可加黑糖。表定時間每天靜坐長達十小時，禁止閱讀、寫字、聽音樂、做瑜伽，可做簡單伸展。嚴禁使用手機，第一天報到便須交付統一保管。總之，好好照顧自己，盡量把覺察放回自己身上。

看似刻苦難熬，奇妙的是，如此一方小天地，毫無聲色娛樂，我比預期更快、更順利接納嶄新的改變，開始了單純的山居歲月。

「接納現狀，接受自己的選擇」，是此行體會最重要的第一件事。由於很快接受自己即將在此度過十天的事實，少了抗拒心，反倒甘之如飴，能認真品味接下來遇到的所有事物。平時鮮少吃素的我，甚至迷上了醃漬白蘿蔔。

最辛苦、也是此行目的，便是每天長時間的靜坐修練。排除這點，這趟旅程可說是健康無比的身心靈淨化假期。每天超過十種蔬菜，兩、三份水果，定時用餐，沒有額外的加工零食，早睡早起，正餐之外的時間，幾乎無飢餓感，身心覺得輕盈，精神一天比一天好。

《最高休息法》一書提到，大腦是一種靜不下來的器官，非常耗能量，靜坐冥想可抑制讓大腦耗能的部位活動。內觀期間少了龐雜思慮，身體活動量大幅降低，即便一日兩餐，身體所需也已足夠。想起二〇一八年，泰國少年足球隊受困洞穴的新聞，曾出家修行八年的教練，帶領隊員們靜坐冥想，等待救援，大家方能撐過那麼長的時間，且心智不亂，最終順利獲救。

我向來習慣立即回應他人，盡己所能提供協助。某位年輕朋友曾說：「每次請教月琪姐，她都會認真回我，甚至回的篇幅就像一篇小論文，她讓我沒有身為晚輩或無名小卒的渺小感，真的很感動！」受到信賴很開心，只是隨著工作量有增無減，常有心力交瘁，時間運用捉襟見肘。因此，難得可以十天不說話，不用回應外界，就像長期緊繃的肌肉，有個徹底放鬆的機會。

然而人的習性不容易改，還沒正式禁語前，我跟新室友M一見如故，興奮交流了許多身心學習和工作經驗。M來自上海，長年定居英國，擁有非常豐富的生命閱歷與智慧。等開始進入內觀課程，除了寢室，我們也常在往返靜修堂的路上相遇，有時她看到我，給我一個美麗溫暖的微笑。「該對她回笑一下嗎？」就跟平常我待人一樣，但這樣又違反規定，內心糾結的我，好幾次刻意低下頭，不敢與她視線相交。

直到第五天，房裡出現我這輩子最害怕的生物，M英勇地把這小東西「請」了出去，我忍不住投以激動又感激的眼神，對她說了無數次謝謝，差點飛撲上去給她一個大大的擁抱。

從那次起，我決定自己鬆綁這個規則，之後遇到M，我們會相視而笑，用眼神鼓勵對方：「靜坐加油！」

站在「修練」的立場，我沒有完全遵守規定，但在做與不做之間，我對自己有了更深的認識。比方對我來說，十天不開口說話，完全沒問題，而且很舒服自在，但不准以面部表情或肢體語言表達友善，對我就是很大的挑戰。

如果你也跟我一樣，平常需要大量說話，安排止語時光就更加重要！在這段時間，你可以把焦點多放回自己身上，覺察自己的需求。即便做不到百分之百，也能獲得相當不錯的益處。

「時間感」是相對的，若在平時，就算工作量沒那麼緊湊，人們仍驅策自我，或被外界提醒，應該在最短時間完成最多事情，不這麼做，焦慮就會隱隱騷動，性格認真的人尤其嚴重。

回顧那次的十日止語經驗，無論行住坐臥，一次只做一件事，把生活小事細細做好，成為很自然的行為。只專注手邊這件事，完成之後，感覺特別踏實，效率也變高了。

度過一段止語時光，更讓我重新傾聽內心的聲音，體會另一種「生活的藝術」。當回到「紅塵俗世」中，所有聲音變得更加清晰立體，與人交談時，變得更有耐心，也不那麼急切地開口，真正有需要的時候，才表達心聲。我彷彿被靜默洗滌，煥然一新！

試試看，就從今天開始，給自己一段舒服的止語時光吧！

獻給完美主義的你

「不要怕犯錯，沒有錯誤這回事。」——美國爵士樂演奏家／邁爾斯．戴維斯（Miles Davis）

曾幾何時，我成為不少朋友口中的「完美主義者」，俗稱「龜毛」。莫非他們發現就算只在臉書發文，我也會反覆檢查許多遍，微調其中的文字、排序、標點符號和表情符號，還要測試不同配圖組合的最終視覺呈現？還是我無意間說溜了嘴，坦承當年製作節目時，明明已經「夠好了」，還是堅持反覆修剪同一段專訪，讓聽眾以為來賓的口才本來就那麼流暢，毫無贅詞，才甘願放下手中緊握的滑鼠。

注重細節、精益求精的性格，讓我累積還不錯的職場名聲，甚至發展出「質感表達」這樣的課程主題。付出大量時間與心力，把事情做到盡善盡美，令我感到滿足。那些細微的差異，就像隱身翠玉白菜的螽斯，或是把一本薄薄的武功祕笈放進少林寺藏經閣裡，靜待有緣人發現。

「只要月琪出馬，就是品質保證！」感謝客戶這麼說。

漸漸地，外交部請我為新進的外交人員授課，時尚媒體社長請我擔任他的口語表達教練，母校清華大學邀我為藝術學院的新生演講，專門服務高端住戶的建設公司也來信邀約，據說創下該公司內部培訓報名最踴躍的紀錄。

力求完美也讓我吃了不少苦頭，健康數度亮起紅燈。我開始思索自己的完美主義究竟來自何處？真的有必要嗎？

爬梳幾個原因，首先，我很早就成為自由工作者，每執行一項任務，都可能決定是否還有下一個案子；所做的每一件事，都代表自己的專業。對案源及經濟的不安全感，使我變成一匹無人鞭策也會賣力奔馳的馬兒。我喜歡事情漂亮呈現，圓滿落幕，隨著經驗累積，越來越容易看見事物的細微之處，想像這件事能做到什麼樣的程度，標準只有逐年往上，再難下修。

對了！還有一個原因，我上升星座在處女座。

然而「人在江湖飄，難免會跌跤」，尤其主持、演講、教學這種需要面對公眾的工作，準備得再充分，也很難達到如己所願的「完美」，太多因素會影響表現。從前，只要犯一點錯，我就會懊惱很久，自從美國新聞工作者、作家及演說家蘇西・威爾許（Suzy Welch）提出「10・10・10法則」，這個觀念幫助我看到新的思考角度，緩步走向光亮的出口。

該怎麼運用「10・10・10法則」？舉例來說，如果你主持一場活動，開場白有點結巴，或臨時有政治人物到場，來不及辨識工作人員的手寫字跡，因此念錯來賓的姓名職銜；更糗的是，把「請長官回座」講成「請長官下台」，等回神之後，恨不得把自己放逐到喜馬拉雅山。此時，請暫停一下，讓這個法則幫助你。

仔細想想，當活動結束的十天後，有多少人會記得這個失誤？根據我的經驗，往往不到一天，就很少有人記得，更常見的狀況是，根本沒人注意。

曾有幾次我主持完活動，跟主辦單位聊起自己表現不夠好的地方，並感謝他們的包涵。承辦人員歪著頭回想：「有嗎？我完全不記得妳提到的那個失誤，一切都很順啊！長官來賓都很滿意。」

如果念錯來賓的姓名很過意不去，不妨事後向來賓致歉，並說明原委。若覺得開場白可以有更漂亮的說法，做點筆記，下次改進。套句電視劇常用的詞兒：「這事兒就算是翻篇了。」

倘若犯的錯比較嚴重，比方主持人在婚禮一直念錯新娘的名字，或跟新娘太熟，認識她的每一位「前任」，新人互換戒指時，竟把新郎喊成新娘的前男友，恐怕十天也無法讓新人和雙方家長釋懷。不妨進一步思考，十個禮拜之後還有誰會在意？嗯，新郎可能還很生氣。十個月後呢？再過十年呢？把事件放在漫長的人生長河來思考，當下感覺很嚴重的事，分量會縮小變淡，自責的狀況便可大幅減輕。

當然並不代表從此可以「放飛自我」，說錯話不需道歉。如果你平常很容易放過自己，簡直是《獅子王》裡樂天知足的丁滿與彭彭，請忽略這篇。假使你跟我一樣有完美主義性格，相信你已經很努力，那麼請放自己一馬，切莫深陷苛責自己的無限迴圈。

曾有人請教詩人威廉．史岱佛（William Stafford）每天寫一首詩的祕訣，他回答：「很簡單，把標準降低就行了。」若不想降低標準，該如何與之共處呢？

要完美主義者放棄「全力以赴」，就像拜託林懷民老師隨便編一首舞，就讓雲門舞者上台演出一樣，當事人肯定很難受。你仍然可以維持充分準備、全心投入的習慣，只要稍微調整心態和做法即可。

完美主義者容易把事情的成敗跟「自我價值」產生高度連結，關注焦點常放在「我的表現」上。當初我受邀TEDx演講，一想到這輩子只能上一次TED舞台，要在那麼多厲害的人面前講自己的故事，如果表現不佳，演講影片將從此在網路上「永垂不朽」，實在太可怕了！於是我花了兩個月準備，不停修改講稿，反覆演練不下數十次，出發蘇州前一晚，還衝出門買了搭配新洋裝的新口紅和項鍊。跟我同屆演說的某位TEDx講者告訴我：「Mia妳好認真，我三天前才開始準備呢！哈哈！」他把這場演講當作一次認識新朋友、愉快交流經驗的機會，很享受舞台，結果表現得非常出色。

「妳不必每件事都要求完美啊！先求有，再求好。」某次聚會，被比我更要求完美的太陽處女座設計師好友這樣規勸，心情真是微妙。

我半開玩笑說：「如果家裡裝修房子，你會希望工人只做七十分就好嗎？驗屋時，應該會想仔細看牆面的油漆是不是平整？顏色有沒有均勻？打樁施工有沒有落實？只要工人少一、兩層工序，房子可就危險了！」如果在能力所及，盡可以做到最好，是對自己與他人負責，也是一種尊重。就我觀察，大部分成功人士對他所在乎的事物及工作專業，往往力求極致，我們才有那麼多出色的作品可以欣賞，有便捷及令人安心的環境可以生活。

鬥嘴歸鬥嘴，好友的話我終究聽了進去。我們沒有無垠的時間，無限的精力，確實不可能事事做到盡善盡美，先判斷哪些事情「值得」追求完美境界，再「享受」全心投入、精雕細琢的過程。

現在的我調整了想法，面對大眾演說時，把自己視為橋梁，心想著很幸運可以把知識想法分享給更多人，幫助更多人，盡量減少「如果表現不好，會帶來什麼災難後果」的擔憂。執行任務時，告訴自己：「已經夠好了」、「這次不滿意，下次再試試別種做法」。如此一來，無論正式演說或職場溝通，說出來的話也會「鬆」許多，不會因為難以妥協而說出太嚴厲的話，也不會因為害怕衝突而三緘其口，放棄溝通。

眾所周知，雲門舞集創辦人林懷民老師非常要求完美，他曾說：「我常常覺得，我應該做得更好，因為有那麼多的人愛過我。」完美主義的背後，有對自己的殷切期許，對所相信的事物的著迷，更有對打造理想世界的愛。如果放不下標準，就帶著「愛」來實現心目中的完美吧！把身心狀態調整得更好，多做些有助放鬆的活動，瑜伽、散步、跳舞、冥想等等，讓實踐完美的路上更舒適，少些壓力，這是所有完美主義者可以嘗試的方向。或許有一天，我們會對「完美」有新的體悟。

有句話很適合放在完美主義者的案前：「人生不是得到，就是學到。」享受全心投入的過程，對結果釋懷，感謝生活中有那麼多可以嘗試的事，你我都可以當個快樂的完美主義者。

擴大言語影響力，TED演說教我的事

「大聲說出你的願景，才有可能付出行動。」——TED超人氣演說家／賽門・西奈克（Simon Sinek）

如果有機會登上TED這個全球公眾演說平台，只有十八分鐘說出你的故事，傳遞一個你覺得重要的理念，你會說些什麼？

光是構思講題，就足以讓人一夜白髮；太投入演講內容，而忘記留足夠時間製作滿意的投影片，你會像少了光劍的天行者，總缺了那麼一點氣勢。

上場前一個月，你可能開始免疫系統失常，重感冒久久未癒，身體出現不明腫塊，害你認真考慮做電腦斷層掃描。上台後，精心準備的內容突然亂了套，還得強作鎮定。感謝主！這十八分鐘終究會過去，你獲得滿堂喝采，沒有人發現你幕後的「風中凌亂」，除了你、上帝和你的演講教練。

以上，是我的親身經歷。二〇一七年，我有幸受邀到中國蘇州TEDxSuzhou年

度大會發表演說，十二位講者中，有科技界ＣＥＯ、世界文化遺產專家、角逐《我是演說家》第三季總決賽冠軍的參賽者、從事「時間生物學」研究的大學教授，以及中國最具影響力的3D畫藝術家……，只有我來自台灣。

ＴＥＤ篩選講者很嚴謹，常以「Open Mic」方式進行海選，主辦單位也會親自邀請屬意的專家學者，即便是業界翹楚，當事人仍須提出有說服力的主題，經過核心團隊表決通過，才會正式定案。

收到邀請當然開心，但很快地，惶恐焦慮、自我懷疑也隨之而來。我開始回顧人生，把生命中發生過的事件想了一遍。「主持」和「教學」是我最熟悉的公眾演說方式，但要提煉出某個觀點，分享對大眾有意義、有「普世價值」的內容，還要讓現場一千五百位不認識我的中國觀眾「保持清醒」、聽完有啟發，實在頗有難度。

說也奇妙，自從TEDxSuzhou策展人請我提供講題，連續好幾天，我心裡反覆浮現「言語的溫柔力量，是送給世界最美的禮物」這句話。似乎是時機到了，人生經歷的一切，醞釀已久的價值觀，終於匯聚成泉，從心深處汩汩湧現。

我當起自己的心理師，繼續往內在探索。我憶起幾段戀情走到終點，對方說出口的刺冷言語；也想起許多朋友常與我分享在職場及生活中如何被他人的話所傷，因而懷疑自己的價值。言者或許無心，甚至早已遠離我們的生活，但那些言語卻化為一縷幽魂，盤踞在心中久久不散。

我深信人類之所以發展出複雜的口語表達能力，一定有幫助人類生存的意義，不小心讓言語成為傷人的武器，絕非大多數人的初衷。因此，我決定把握這難得的機會，聊聊「言語溫柔」的重要性。

坦白說，我不太有信心，尤其在這鼓吹「被討厭的勇氣」的年代，真的有人會覺得言行溫柔很重要嗎？這是個「夠分量」的主題嗎？直到我收到演講教練團隊總監Carina傳來訊息：「Mia，恭喜妳，我們正式邀請妳擔任這次的大會演講嘉賓，期待在這十八分鐘，用妳的方式，為大家帶來言語的溫柔力量。」句末，附上一個笑臉表情符號。

這麼「抽象飄渺」的主題被接納，像獲得天上掉下來的禮物。主持人本性又來了，「我很好奇，在那麼多候選人中，最後決定選我的關鍵點是什麼呢？」

會這麼問，是因為二〇一六年冬天我剛主持完TEDxSuzhouWomen女性大會，相隔短短幾個月又成為TEDxSuzhou年度大會講者，似乎沒有前例，於是我請教該屆聯合策展人之一、也是大會分配給我的演講教練Vivian。

「TED需要對社會有正能量、有啟發性的話題，同時，要是觀眾願意去聽的內容，而且聽完之後，觀眾要能夠記住些什麼。很多演講主題都很好，比方奈米技術、人工智能，但如果講得很枯燥，觀眾都在雲裡霧裡，摸不著頭緒，那就太可惜了。」她細心為我解惑。

她繼續解釋：「的確，我們從來沒有這樣的前例，但當初妳跟我們討論演講內容時，每個故事都好動人，舉了很多例子都有達到這些要求，甚至還提出科學研究支持妳的論點，因此我們決定破例邀請妳。」

TED講者在正式上台前，通常有四次跟演講教練溝通討論的機會，主要確認講稿的流暢度、論述的邏輯性、內容可聽性，假使不小心出現過多「專業術語」，講者再做修正調整。第二次視訊會議，我已經擬好講稿，認真鋪排故事段落的「時間軸」和「空間軸」，並透過微信，講一遍給演講教練團隊聽。隔週，其中一位小夥伴告訴我：「Mia老師，上次聽完妳的故事，好感動呀！我馬上傳簡訊給一位朋友，向他道歉，過去我太忽略說話的溫柔了。」演說的最終目的是為了促使行動，再沒有比這麼直接的回饋，更令人倍感驚喜溫暖了！

按照這個情節發展，我理應在台上揮灑自如，魅力直逼美國前總統歐巴馬，或像《冰雪奇緣》電影中變出城堡的艾莎公主。結果一上台，我的腦子突然空白，雖然聲調維持穩定清亮，聽起來還算流暢，而且神奇地在十八分零五秒準時結束，很少講者做到這點。只是到了後台，我完全忘記保持專業形象，像個在舞蹈表演中跳錯拍子的哀傷小女孩，幽怨地跟Vivian說：「我漏詞了，有些內容沒講到。」

Vivian朗聲安慰我：「不會啊！妳講得很好，甚至比彩排還好，而且只有妳、我，跟少數夥伴知道演講架構，觀眾又不知道你本來要講什麼。」

第一位上場的講者袁澤銘David也微笑說：「我也忘詞了啊！如果不小心犯錯，我通常隔天就忘記了。」David是來自北京的奧運商品設計師，那次簡報做得極出色。有趣的是，我們都覺得自己表現不夠好，直誇對方講得很棒。

「Mia，妳關心的是人的言談表達和身心情緒的關係，我則是透過產品來展現人的認知情緒，我們有很多共通處，以後可以多交流喔！」自稱長得像大猩猩的

David，有著跟外表反差的輕柔嗓音，完全體現我的講題精神，以溫柔的言行，撫慰了我當下的沮喪。

演講結束，大會一一頒發證書，舞台上一片沸騰，觀眾紛紛上台來，興奮拉著喜歡的講者合照。原本我還沉浸在灰暗的內心小劇場，直到有觀眾熱情拉著我的手說：「我們好喜歡妳的演講喔！」才回過神來。返台後，陸續有當天的聽眾以及TEDx幕後小夥伴，與我分享他們最喜歡的演講片段、對人與人之間的關係、生死的疑惑與感想，真的很謝謝大家！

感謝這次經驗，我發現自己常被莫名的「木馬程式」綁架，反覆跳出以下執念：「身為專業口語表達講師及主持人，台風穩健，表達流暢只是基本，還必須表現出極高的演說水準、令人嘆服的論述觀點、牽動觀眾正向情緒和行為，才算合格。」過度自我鞭策，讓大腦負責掌管情緒的邊緣系統，隨時處在「戰或逃」的高度緊繃狀態。這也是為什麼正式演講前，我的免疫系統警鈴大作，演講結束後沒幾天，身上莫名出現的腫塊又神奇消失了。

站上TEDx舞台只是平凡人生的曇花一瞬，後來我常想起自己在TEDx所講的這句話：「所有時光都不會重來，所以讓我們好好珍惜彼此在這一刻相處的心意。」珍惜自己與他人相處，也珍惜自己體驗人生的寶貴經驗，無論是否滿意自己的表現，別忘記給自己掌聲。

寫這篇文章的時候，無意間看到教宗方濟各（Pope Francis）在溫哥華TEDx年度大會的演說影片，發表日期是二〇一七年四月二十六日，跟我在蘇州演講的日期剛好相距一個月。教宗提出一個論點：「我們需要一場溫柔革命，一場從心開始的運動。」教宗與我各在地球兩端，不約而同提到「溫柔待人」的重要性，這對我是莫大的鼓舞，誰說溫柔言語不重要？連教宗都這麼說呢！

許多國家城市都有舉辦TEDx活動，如果你有「利益眾生」的新發現、價值觀，可以幫助世界更好，很鼓勵你勇敢站在舞台發聲，擴大言語的影響力。如果靈光還沒出現，或還沒有機會登上TED舞台，無礙於你與他人分享觀點、知識，和熱愛的信仰。請回到「為何而做」的「意圖」，在生活中繼續實踐自我堅信的價值，並隨著自己的成長、世界的變化，進行調整修正，任何時刻，每個人都可以用言語的力量，點亮更多人的夢想與希望。

遭逢天災人禍，讓言語成為最安定人心的禮物

「當你必須在正確與仁慈之間抉擇，選擇仁慈。」——電影《奇蹟男孩》

撰寫這本書的尾聲，新型冠狀肺炎病毒（COVID-19）疫情爆發，全球近兩百個國家受到影響，確診病例超過一百三十萬人，並造成七萬多人死亡。這是一段考驗人性、同理心、自律與免疫力的時期，誰也不知道疫情會如何發展，夏天來臨之前會消止嗎？還是情況會更壞？

疫情初期、尚未大爆發的時候，有時我仍會帶著筆電外出寫稿。台大校園是我特別喜歡的寫作場域之一，寫稿累了，隨時可起身在椰林大道散散步，欣賞醉月湖的烏龜水鳥，尤其年輕學子們的青春身影，看了很抒壓。

台大鹿鳴堂隔壁的二樓商場，有非常先進的「性別友善廁所」，我常看到一位

佝僂著背、身形消瘦的老伯伯，提著水桶拖把，默默打掃環境衛生。看到清潔人員、服務生、大樓警衛，只要不趕時間，我總會寒暄幾句，於是我主動開口：「伯伯，你一天要打掃這裡幾次啊？最近因為疫情關係，工作量是不是變多了？」

伯伯抬頭看看我，愣了一下，想必很少有人主動與他攀談。戴著口罩的他，咬字很含糊很小聲，回答得很簡略，坦白說，我完全聽不清楚。不過沒關係，獲取正確資訊並不是我的目的，只是想讓辛苦工作的長輩知道有人關心他，他不是理所當然的隱形風景。我對他微微笑，說了聲再見，回到座位繼續跟書稿奮戰。

連續幾天，只要看到這位伯伯，我就對他微笑一下。終於有一天，我在洗手台前認真搓揉肥皂，心裡默數要洗手滿三十秒才乾淨，突然有個聲音：「妳在這裡上班嗎？剛下班啊？」

這是伯伯第一次主動跟我講話，有點驚喜。「對！我剛下班。」原本想這麼說，但我決定簡單解釋：「我不是台大的人，我在一些企業、政府機構和大學教課，很喜歡這裡的環境，有時候會來這邊寫東西。」

伯伯點了點頭，不太理解我說什麼，沒關係，我再次跟伯伯道別。

這是一則比白開水還平淡的小故事，然而在疫情蔓延的這段日子裡，我特別有感觸。這段時期，社會彌漫著抱怨、撻伐、不安；放眼所及盡是確診及死亡人數攀升、產業重挫的新聞、未經查核就分享的假訊息，以及「人道」與「防疫」何者優先的激烈論辯。大家各有不同成長背景及政治立場，容易挑起對立情緒，連我熟識的幾位好友，也因見解不同而爭論不休。

多方討論是好事，真理越辯越明，好的政策及解決方案得以出現，那麼付出時間激盪對策十分值得。可惜多半的情況是，人們花大把時間批評，或忽略各國文化民情差異，而對他國的疫情處理政策訕笑譏諷，少了同理心，對防疫難有助益。一番唇槍舌戰後，反而口乾舌燥，血壓飆高，心情烏雲罩頂。

採買口罩、酒精、漂白水等防疫用品，加強補充營養，這是針對環境及身體健康可以做的努力。選擇說哪些話，對自己與他人的心靈安定有幫助，則是天災人禍時，言語可以發揮的正向力量。若能撥點時間，關心一下家人同事朋友、偶遇的陌生人、辛苦送件的快遞、幫忙打掃大樓和大眾運輸工具的清潔阿姨、守護大家的醫護人員、致力防疫的政府官員等等，這樣的話語更有意義。

考量疫情風險，某天早上我取消原訂二月出發的檳城機票，雖然理解航空公司肯定忙不過來，但出發在即，遲遲未收到受理回覆，不免心浮氣躁。此時，手機通訊軟體響起，知名音樂人林隆璇大哥傳來幾段音檔，打開之後，陰霾一掃而空。

眾所周知，林隆璇是知名歌手，唱過《白天不懂夜的黑》、《為愛往前飛》等膾炙人口的經典歌曲，其實他也是資深佛學老師，在演藝事業之外，會開課傳遞佛法，平時很樂意分享「善知識」給周遭的親朋好友及需要幫助的人。多年前，林大哥是我的節目來賓，近年我們因為進修正念（mindfulness）課程變成好友，很幸運可以常聽到他音樂才華以外的智慧之語。

他傳來的其中一段音檔主要談「情緒與智慧」，由他口述錄製，時間約莫二十多分鐘。一開始，林大哥很應景地舉「口罩」作為例子，引導大家把「戴口罩」這個很不方便的事，轉為更正面的想法。

「在防疫期間，很多人覺得戴口罩很不習慣，排隊領不到口罩也很令人心煩。長久以來，我常到各地表演，必須常常搭飛機，只要被傳染，一下飛機就會感冒。自從十年前，我養成在公共場合和飛機上戴口罩的習慣，大幅減少受病毒感染的機會。我們可以這樣想，戴口罩或許有點麻煩，但趁此機會建立良好的衛生習慣，讓身體免於受疾病的侵襲，只要我們接受這樣的契機，轉念思考，把戴口罩產生的煩惱、厭惡，轉化成好的想法，那麼戴口罩就變成幫助我們的一件事。」

林大哥提到，我們可以視煩惱為「敵人」，也可以視煩惱為「益友」，更可以視煩惱為「智慧」，端看自己的選擇。我望向桌上的口罩，突然覺得能戴口罩是一件很值得感謝的事；至於無法出國度假，剛好多出一些時間，把這本書寫得更完整一點。轉念之後，果然海闊天空。

如果大家有印象，當初搭乘鑽石公主號郵輪的十九名台籍旅客，幾經周折終於順利搭乘包機返台。困在郵輪那麼多天，旅客們身心俱疲，負責運送這些旅客的班機機長，用清晰明亮的聲音沉穩地說：「我們預計會持續飛行，與全世界一同度過疫情，請您做好防疫工作，準備一同降落在美好的明天。」話語帶來穩定人心的力量，正是這時期特別需要的。

疫情期間，不少歌手善用他們的天賦專長，譜寫及唱出溫暖人心的歌曲：鄧紫棋寫下《平凡天使》，劉德華把過去的合唱曲《愛的橋梁》重新填詞，命名為《我知道》；歌神張學友演唱了《等風雨經過》，由周杰倫譜曲、方文山填詞；林俊傑攜手孫燕姿譜寫《Stay with you》致敬第一線醫護人員。常來台灣的法國音樂劇演員們，合唱了《We are together》。日本知名音樂家坂本龍一也以鋼琴演奏經典療癒曲目《Aqua》，為擔心新冠肺炎病毒的大人與孩子們加油。他並透過影片寫下一段話：

「給孩子們：

不能出門玩耍很難過吧？但既然不用去學校了，就在家盡情做些好玩的事吧！不要只玩遊戲喔，用這些時間，去讀很多書，聽很多音樂，畫畫、寫詩、彈奏樂器，看電影也是不錯的選擇。還有別忘了在家裡做一點體操運動，努力度過難關吧！」

回首一六六五年，英國倫敦發生嚴重的鼠疫，超過八萬人死於這場瘟疫中，相當於當時倫敦人口的五分之一。很多學校被迫停課，全體師生遣散返家，包括物理學家牛頓就讀的劍橋三一學院也不例外。牛頓回到鄉下老家後，潛心做研究，歷時兩年，據說萬有引力定律、微積分、運動三大定律、光學理論，都是在這時期發現或奠定重要的基礎。

「可惡！都是那場瘟疫，害我現在要學微積分。」我的外甥聽完這故事，開玩笑地哀號。

重大災難發生時，暫時限制了便捷的交通，以及豐富自由的社交生活，不妨趁此思考可以做哪些事，讓時間過得更有意義。口罩數量有限，言語及思想創意沒有時空限制，多打電話、傳訊息關心親朋好友，多讀幾本書、鑽研一下廚藝、重拾外語學習、靜心祈禱，把每次突如其來的狀況，當作一次自我沉潛、造福他人的機會。這段時期，跟家人相處的機會變多，正好也是練習溝通、交流情感的好時機。

「對抗病毒，而不是對抗彼此。」大家都在同一條船上，把言語當作一份珍貴的禮物，送給自己，也送給需要的人。願世界平安無恙！祝每個人都有顆寧靜的心！

讓聲音更動聽的重要提醒（上）飲食篇

「此刻，就是改變的起點。」——《烏托邦的日常》作者／葛瑞琴．魯賓（Gretchen Rubin）

隨著本書進入尾聲，認真的你，想必吸收了不少質感說話的技巧和觀念，還有一塊拼圖至關重要，就是如何讓你的聲音更悅耳動聽。獨一無二的聲帶，需要更用心的呵護。

寫這本書的前半段日子，我幾乎每天揹著筆電去咖啡館，希望透過不同空間，刺激大腦靈感，也避免待在家裡動不動就想拖地、洗晾衣服、把水晶拿到陽台晒太陽、躺到床上睡一會兒，但醒來驚覺已經天黑！

有截稿壓力難免焦慮，疲憊的大腦開始升起對甜食的渴望，當我走進咖啡館，先點了奶茶或水果茶，後來越來越常搭配一塊蛋糕，如果待得夠久，可能還會追加焗烤厚片吐司或炸雞這樣不健康的食物。理智尚存的大多時候，我會點熱飲，隨著夏天氣溫節節攀高，終於忍不住向誘人的冰可樂屈服。

身體反應就是那麼誠實，你擁有什麼習慣，它就呈現不同的模樣。過了幾個禮拜，我發現喉嚨常出現黏膩感，更容易疲倦，思緒不易集中，體脂肪也直線攀升。很多道理都懂，真正發生時，我們才會認真思考是否要做出改變。

我開始減少去咖啡館的頻率，回歸自己的小窩寫作。好好吃一頓早餐，飯後打一杯新鮮果汁或泡一杯茶，不加糖，盡量多喝水。才過幾天，喉嚨又恢復正常了。獨自在家少了複雜的環境干擾因素，精神也好多了。

根據研究，人們每天會重複大約40%的行為，而且幾乎是在相同的情境中發生。如果你希望有一副好嗓子，讓它健健康康跟你過一輩子，有句老話我覺得放在很多地方都適用，那就是「預防勝於治療」。對聲音有益處的好習慣值得趁早建立，壞習慣請盡量根除。接下來，我會分成飲食、環境及生活習慣三個面向，貢獻這些年我對如何讓聲音保持良好狀態的研究和做法。

首先，最容易做到、也最容易忘記的就是「好好喝水」。

愛美的朋友一定謹記這項鐵律，肌膚要年輕有彈性，一定要給予充分保濕。聲帶也是。聲帶黏膜如果太乾燥，或聲帶使用過度，可能會長繭或「角化」，出現這種狀況，喉嚨會有明顯的「異物感」而覺得不舒服，講起話來也會比較吃力。

「你還好嗎？喉嚨聽起來好沙啞。」許多老師和歌手都有過這種經驗，尤其歌手為了上台演出，只好打「開嗓針」應急，但這些藥劑常含有類固醇，當然不鼓勵。因此，隨時讓喉嚨保持濕潤很重要，如果你的工作需要常講話，建議隨身準備一個保溫瓶，裡面裝溫開水，每隔一小段時間喝一小口，對身體好，對聲帶更好。

我有位好友是資深舞蹈老師，也經營舞蹈教室，除了教課，她必須處理龐雜的行政庶務，更需要大量與學員溝通。有次我們一起吃飯，她剛坐下來：「嗨！月琪。」聲音極度沙啞，下一秒卻點了冰可樂，她的邏輯很有趣：「冰冰涼涼的氣泡飲料，不是剛好幫發炎部位降溫嗎？」聽起來還真有幾分道理，但可樂和市售飲料含有高糖分，「糖」和「冰」對聲帶都是刺激。請想像一個畫面，當汽車剛跑完長途旅行，引擎還在發燙著，你馬上給它來個「冰桶任務」，結局會如何？

「我不喜歡喝普通的水，味道好無聊啊！」好友嘟著嘴，彷彿喝了平淡的開水，人生也因此變得平淡無奇。

很多人喜歡買市售飲料，也是出於這原因。何不在水裡加幾片水果，夏天切幾片蘋果片、芭樂丁、奇異果，無甜不歡的朋友，再加一點蜂蜜。冬天改煮桂圓紅棗枸杞茶，若體質比較燥，也可以不放桂圓，只保留紅棗枸杞。我有時候主持活動需要在外面很長的時間，主辦單位要打點的事情太多，不一定記得幫主持人準備茶水，加上冬天擺在室外的水，一下子就會變涼甚至變冰水，自己帶保溫瓶最好，通常三百五十毫升的保溫瓶，我會放兩、三顆紅棗，六到八顆枸杞，用開水燜十分鐘，喝完可以再回沖，既補充水分又養顏補氣，還很環保，一舉數得。

水要多喝，那哪些東西要少喝呢？當然是酒要少喝。酒精類的飲料會讓聲帶變乾燥，如果你馬上就要上台簡報，或是隔天安排比較多會議，請盡量避免。

接下來的飲食習慣，對某些朋友可能有些挑戰，那就是請減少攝取乳製品和甜食。

牛奶、乳酪、鮮奶油、炸雞、甜甜圈……滋味真美好！可惜它們都很容易讓食道的黏膜出現反應，會讓黏液變稠，就是我們常說的「生痰」。如果在演講或教課前，大啖上述美食，會不時想清喉嚨，很干擾聽眾接受訊息，自己也一定很困擾。當然，與這些食物「徹底分手」，未免太傷感，至少上場演說前兩個小時先避免，如果忍不住吃了，就多喝幾口溫開水，沖淡黏液。

主持活動不只考驗體力、腦力，也常考驗我對美食的「定力」。記者會和典禮現場，經常會準備茶點美食，通常是小蛋糕、餅乾、咖啡、紅茶，為了不影響嗓音，我宛如《先別急著吃棉花糖》書中接受測試的小朋友，假裝沒看見那些可口的美食，只能先婉拒主辦單位的好意，繼續小口啜飲我保溫瓶裡的神祕飲料。主持結束後，若食物還在，吃幾塊當作慶祝，少了心理負擔，品嚐起來更愉快。

關於牛奶，我想特別多提醒一點，牛奶有色氨酸，可以穩定情緒，但它除了容易讓喉嚨生痰，有些人有乳糖不耐症，喝了反而肚子不舒服。若目的是想克服上台焦慮，建議還是喝點溫水，深呼吸幾次，做一到兩分鐘伸展操反而更有幫助，也不用擔心有副作用。

除了上述幾點，我發現胃食道逆流也會影響聲音狀態。胃酸逆流到食道上方，可能會讓食道發炎、水腫，甚至灼傷聲帶。「生氣」也會使胃部緊縮，造成胃酸過多。換言之，飲食盡量清淡，保持平和的情緒，多讓自己開心，也會讓你的聲音更加動聽，心情也更加美麗。

聊起如何護嗓、如何讓聲音更動聽的方法真是一言難說盡，如同我遇到有趣的來賓，就會開玩笑說：「這話題太精彩了，可以錄八集節目呢！」下一篇，我將針對環境、肢體和穿著習慣的部分，繼續分享。

讓聲音更動聽的重要提醒（下）生活習慣篇

「站在自己身體的這邊，經常為身體設想。」——日本知名小說家／村上春樹

撰寫這個主題，腦海閃過好多畫面，為了更愛惜自己的聲音，不知不覺，我調整了自己的生活，從飲食、穿著、儀態、聚會場所，都有了改變。當然，也因為年紀漸長，對許多事物有了新的體會，更懂得取捨。

先說說「穿著」。見過面的朋友，不難發現我一年四季都隨身帶著圍巾，質料有輕有厚，有時像抽面紙一般，從包包抽出一長條絲巾，有種變魔術的趣味感。

或許你疑惑：「夏天也需要嗎？」即便在盛暑，大家搭火車、捷運、巴士、進入百貨公司或商辦大樓的機率應該也很頻繁，這些空間往往讓人以為置身北歐，冷氣超強！包包裡放條薄圍巾，只佔極少的體積和重量，可以當作造型的一部分，最大的好處是保護喉嚨。

從前每天在錄音室裡，室內常常低於二十度，曾經我想把冷氣溫度調高，同事趕緊阻止：「冷氣是給機器吹的，因為電台設備全天候運轉，擔心過熱，當機就慘啦！」原來如此。境不轉人轉，我因此養成一定隨身攜帶圍巾和長袖外套的習慣。根據我的親身經驗，只要感冒，十有七八會演變成喉嚨發炎，以現在的空氣品質和工作壓力，動輒兩、三個禮拜才會康復，多保護喉嚨，感冒機率就會大大降低。

就算沒有感冒，看到有些人平常習慣不斷清嗓子，或用力咳嗽，很替他們憂心。這樣過度刺激，也會導致喉嚨沙啞甚至引起喉嚨發炎。如果受了風寒，或喉嚨有點癢癢的，在可控制的情況下，請不要咳得太用力。

再來談談「環境」。越吵的地方、空間越大的地方，越需要提高音量，對方才聽得清楚，聲帶的負擔因此加重，常導致聲帶肌肉輕微拉傷或水腫。自從主持廣播，我就極少去ＫＴＶ。主持活動和教課的喉嚨負擔更大，只好徹底將ＫＴＶ排除在聚會選項以外。因為就算不唱歌，想跟朋友聊天，必須扯著嗓子，跟全場震耳欲聾的音樂搏鬥，沒多久，喉嚨就「燒聲」了。

你或許會擔心拒絕朋友的邀約後，朋友聚會就不再找你了。請放寬心，真正的朋友會尊重你的決定，體貼你的考量，你可以誠懇說明：「好可惜不能聽你們唱歌，因為我的工作太常講話，喉嚨比較脆弱，不方便去KTV，你們開心去唱歌，我知道一間很棒的咖啡館，下次我們去喝下午茶。」選擇比較安靜的場地，就不用那麼費力說話。

除了上述提到的空間，也請遠離太乾、太熱、太潮濕，空氣太差的環境。上班族整天必須在空調大樓工作，休息空檔盡量去陽台或大樓外面走動一下，吃個午餐，喝點水，讓喉嚨得以舒緩。如果必須在環境特別乾燥的地方待很久，不妨在旁邊放杯水，甚至買個加濕器，讓空氣不那麼乾燥。相較於日本及歐洲，台灣夏天很潮濕，不需要再使用加濕器，喜歡精油的我，原本使用水氧機來享受精油香氛，夏天我就會改用不需要加水的薰香儀器，讓空氣濕度不要太高，這部分建議依照個人狀況來調整。

現在空氣汙染問題日趨嚴重，講話有時需要快速換氣，這些髒空氣來回進出我們的呼吸器官，也會使聲帶變得乾燥，多喝水，讓喉嚨潤澤。總之，水是個好東西，請多加愛用。

隨意點閱人物報導，可以看到五十三歲的荷莉・貝瑞（Halle Berry）、扮演「驚奇隊長」的布麗・拉森（Brie Larson）、《復仇者聯盟》的「黑寡婦」史嘉蕾・喬韓森（Scarlett Johansson），都各有一套嚴格遵守的運動習慣。我們不需要拯救地球，只希望到八十歲還能流暢地說話，那麼多做運動吧！回報絕對超乎你想像，說不定還順便練出翹臀和完美的「人魚線」呢！

說話與「呼吸節奏」有關，凡是能強化心肺能力、增強肺活量的運動，都值得培養起來。比方游泳、瑜伽、舞蹈、武術等等。私心覺得，我人生「肺活量」的高峰期，是高中和大學時光。高中我參加樂隊兩年，負責吹奏法國號。夏天在烈日下鼓起腮幫子，汗水直流，練習一首又一首曲子，邊演奏還得邊走隊形。高三為了準備大學聯考，留在學校晚自習，吃完晚飯，跟同學一起打羽毛球、跳繩、踢毽子。整個大學則熱衷舞蹈，一跳四、五個小時是家常便飯。當時沒有意識到自己每天都在運動，只想著是做著自己喜歡的事，當下很開心。如今我有時需要講課一整天，聲音還算游刃有餘，有很大部分要歸功於以前打下的根基。

當然光靠年輕積攢的本錢是不夠的，村上春樹成為職業小說家之後，意識到寫小說不只考驗腦力和意志力，更是個「體力活」。從他寫《尋羊冒險記》開始，幾乎每天跑步一小時或游泳，至今超過三十年。現在他已經七十一歲，還能跑馬拉松，太值得作為我們的夢想典範。

寫作和說話，看似一個靜態，一個動態，其實需要鍛鍊的基本功和心法很類似，任何一項技能要能出類拔萃，一定要建立屬於自己的生活紀律。

很多朋友不知道，我曾經出過三次車禍，滿長一段時間不自覺想保護身體，尤其是膝蓋，因此大量減少學舞和跑步的頻率，甚至中斷了好幾年都沒運動，結果體能明顯下降。自從開始恢復學舞，也接觸靜坐冥想，調身調息，心肺能力又有了明顯回升，讓我能應付大量的口語表達工作。

運動強度因人而異，請記得提醒自己身體姿勢保持端正，讓氣流進出順暢，就可以讓你的發聲器官和呼吸器官發揮最大的功效！

看完這些習慣，哪些你正在執行？哪些需要克服呢？會不會覺得需要注意那麼多細節，人生好厭世？根據一項研究顯示，習慣養成的過程中，不一定要完美執行，但初期確實比較容易感受到挫折，然後破功。所以我們要像愛護你認為最珍貴的那樣東西一樣，用心呵護好習慣，先從一、兩項著手，再慢慢加一、兩項，偶爾無法達成，也不要苛責自己，如果真的很喜歡唱KTV，想要小酌幾杯，就好好享受，只要避開在參加重要活動前一、兩天，隔天再好好護嗓，完全沒問題的。

熱衷研究生活習慣的暢銷書作家葛瑞琴．魯賓在《烏托邦的日常》一書提到，「良好的習慣不是枷鎖，而是讓你更忠於自己。」力行自己想要的好習慣，明白與哪些朋友相處，讓你願意打破一些無傷大雅的原則，都是可以自己決定的。甘之如飴，習慣才維持得長久。讓聲音更動人的習慣和祕方，還有很多可以聊，有機會見面，讓我們來交流彼此愛護喉嚨的生活習慣吧！

appendix

附錄一

有質感的談吐，你可以這樣練習

提升質感談吐，你可以這樣練習

「基本功只有一個，就是不斷地練習再練習，最後達到理性與感性完美交融的結果。」

——國家表演藝術中心董事長／朱宗慶

想要增進口語表達能力，「練習」永遠是最好的老師。增進口語表達能力有非常多種演練方式，考量本書篇幅，僅先挑選幾種來分享，以下五種練習是很實用的基本功，持之以恆，你會看到自己的成長與改變。若你曾上過其他課程，跟不同老師學習過不同的練習方法，而你也感覺受用，那麼與本書所教的方法並不衝突。若有任何疑問，歡迎來信交流：cutemoon0721@gmail.com或「月琪的聲活視界」臉書專頁。

（一）身體感知練習

平常大家很少留意自己在說話的時候，身體呈現什麼樣的姿勢，嘴巴張開的幅度多寡，這些都會影響你說話的質感，以及給人的感覺。

當你站立時，請隨時感受一下，頭部、脖子和背部，是呈現一直線嗎？還是脖子不自覺向前傾斜？再仔細感受一下，雙腳是否穩穩踩在地板上，左右腳的腳掌、腳跟很平均落在地板上？還是重心比較偏向某一邊？肩膀是緊繃聳立的狀態？還是很自然放鬆垂下？

當你坐著的時候，也感受一下，左臀和右臀接觸椅面的施力平均嗎？還是重心比較偏向某一邊？是哪一邊？上半身是維持挺直，想像自己是美麗的芭蕾舞者？還是整個人蓄勢待發往前傾？或是懶洋洋往左或右邊歪斜？

當你說話時，肩膀會不自覺聳起嗎？眼睛會常常飄移嗎？下巴會不自覺往上抬？還是往下往脖子內縮？請特別留意嘴巴的開闔、舌頭和牙齒的對應位置。

請至少連續三個禮拜去感受你的身體，漸漸地，養成一種自我覺察的習慣。若能隨時意識到自己說話時的發聲器官和肢體呈現狀態，對說話質感的提升會很有助益。

（二）清晰度練習

在台灣，有些音特別容易咬字含糊不清，或是當某兩種音擺在一起，特別容易念得不好。請試著念以下字詞，先以較慢的速度念出來，先把字念準確，再慢慢加快速度。建議兩人一組，找一位咬字發音準確的朋友一起做練習，輪流念完之後，請對方告訴自己有哪些字對方特別聽不清楚。通常每個人會有「障礙」的發音往往是固定那幾個，比方每次遇到「ㄈ」或「ㄗ」就容易念不好，確認需要改善的發音之後，可以依照以下的建議修正看看，如果還是無法精準掌握，歡迎找坊間的正音班或正音老師進行調整。

ㄈㄏ

護膚，護髮
發福，華服
飛鼠，灰鼠
發展，花展

公費，公會

荒唐，方糖

胡誇，浮誇

鳳飛飛，黃飛鴻

化肥會揮發

心肺復甦術

「ㄈ」屬於唇齒音，發音時，上門牙跟下嘴唇會互相碰觸相切，氣流會在這兩個發聲器官之間通過。如果想確定自己的牙齒和嘴唇是否有「擦身而過」，不妨照著鏡子看看自己的嘴形。

閩南語沒有「ㄈ」的音，母語和生活常用台語的人，常會把「ㄈ」念成「ㄏ」，遇到這兩個音的時候，可多加留意。

ㄓㄗㄘ

大致，大字

魚刺，魚翅
猜測，塞車
肇事，造勢
政治，贈字
主張，組裝
星鰻翠粽
從容自得
列支敦斯登
增加正向幸福感

ㄋㄌㄖ
快樂，炎熱
浪人，讓人
出路，出入

露營，入營
年假，連假
女人，旅人
男嬰，藍鷹
娘家，良家
襤褸，男女
留戀，留念

ㄔㄕㄙ

士林，四鄰
樹木，肅穆
生肖，僧笑
吃樹，吃素
舒適，蘇軾

社群網站，色情網站

兒茶素

生死關頭

神思者（日本著名音樂團體S.E.N.S）

週四素食日（比利時的根特（Gent）是歐洲素食之都，提倡每週四為「素食日」）

「ㄓ」「ㄔ」「ㄕ」「ㄖ」屬於「翹舌音」，發這幾個音時，舌尖請翹起來，頂住口腔內部的上顎處，但不用整個舌頭捲起來，那就會變成捲舌音「ㄦ」了。「ㄓ」跟「ㄔ」相比，前者聲音比較短，後者的聲音比較長。而發「ㄕ」時，舌尖不用像發「ㄓ」「ㄔ」那樣頂得那麼緊。

「ㄖ」在發聲時，氣流通過聲門的時候，會帶動聲帶，發音時試著摸摸喉嚨，應該會振動。

ㄧㄩ

公益，公寓

切口，缺口
院子，燕子
覆議，富裕
議員，預言
相憶，相遇
舊鞋，就學
意見，遇見
前言，全年
抑鬱，寓意
紅鯉魚與綠鯉魚

發「ㄩ」時，嘴巴會往前嘬起來，嘴唇變成圓形，好像小籠包的皺褶，也像在吹口哨的模樣。閩南語沒有「ㄩ」這個音，只要碰到「ㄩ」，很容易發成「ㄧ」，請多加注意。

ㄢㄤ

燦爛，蒼瀾
貪婪，貪狼
上船，上床
彈簧，堂皇
牽手，槍手
攀談，盤纏
攤販，湯飯
南港展覽館
短褲穿太高，膽固醇太高

ㄥㄣ

徵人，真人
請示，寢室

整治，診治
同盟，同門
靜止，禁止
敬酒，禁酒
報警，抱緊
精細，今夕
成就，陳舊
箴言，諍言

在我的教學和訪談經驗中，帶有鼻音的「ㄥ」「ㄣ」最難發音精準清楚，要辨識兩者的差異，最重要是發音時，舌頭降落的位置不同，以及氣流迴盪在口腔的狀態不同。

首先，「ㄥ」「ㄣ」的前半音都是「ㄜ」，也就是啟動發音的時候，兩者的發音位置是一樣的。難在後半音，發「ㄥ」時，嘴巴打開，舌尖往下沉，舌根會上升，氣流會往鼻腔走，因此發「ㄥ」的鼻音響度會比「ㄣ」重。如果要發得漂亮，盡可能讓口腔後方讓出較大的空間，讓氣流在口腔有更多迴旋空間，就像吉他一樣，聲音會更加圓潤飽滿。

發「ㄣ」時，舌尖會上升，抵住口腔內側的上方牙齒，氣流也一樣會通往鼻腔，但聲音長度比「ㄥ」要短一些。建議可以對著鏡子練習，發音時，雙唇打開的距離不超過一枝筆的寬度。

(三)發聲練習

一開始，請先「站著」做這個練習，會比較輕鬆。日後想要站著或坐著練習都可以。

首先，請雙腳打開，與肩同寬，雙腳好好站在地板上，想像你是個小木偶，被一位操偶師傅拉起來，此時，你的尾椎、腰椎、頸椎到頭部會呈現一直線。

接下來，慢慢吸氣一個八拍，然後發出「啊」這個聲音，維持兩個八拍。如果發聲兩個八拍游刃有餘，可以慢慢增加拍數，變成吸氣一個八拍，發聲三個八拍、四個八拍、五個八拍，以此類推。

發聲時，請把嘴巴張大，舌頭後方往下沉，和上顎之間空出更寬廣的空間，如此氣流更充足順暢，在口腔中有更多迴盪空間，聲音響度就會更圓潤飽滿。

做這個練習時，可以想像在遠處有你的愛人或好友，你在山的這一頭，他在另一頭，你要呼喚他，把聲音勇敢地放出來，拋向遠方。說話時若能加入想像力，說起話來會更有抑揚頓挫等豐富的情感在其中。

（四）呼吸練習

吸氣時，讓鼻子吸進來的空氣深深地往下沉到腹部。吐氣時，也想像氣流是從腹部往上走，透過嘴巴或鼻孔，緩慢且均勻地把氣吐完。請把手掌放在肚臍下方，感受腹部的起伏變化。如果做得正確，吸氣時，腹部會自然向外延展，肚子會鼓起來。吐氣的時候，腹部向內收縮，肚子會往內凹進去。

初期練習可用嘴巴吐氣，可以更清楚感受腹部的變化，等熟練之後，再改成鼻孔吐氣。

關於節奏，先嘗試一個八拍吸氣，停個兩拍，再用兩個八拍吐氣。如果做起來很輕鬆，再加長吐氣的時間，變成一個八拍吸氣，三個八拍吐氣。漸漸地，變成一個八拍吸氣，四個八拍吐氣、五個八拍吐氣，以此類推，氣就會越練越長。練習的時候，吸氣和吐氣盡量控制力道，拍子盡量數慢，不用著急。

如果感受不到腹部的起伏，這很正常，可以平躺在床上練習，身體只要躺平，就會從比較淺的「胸式呼吸」，自然變回腹式呼吸，等做了幾次，明顯感受到呼吸時腹部的起伏，就可以站起來再試試看。

（五）焦慮減壓練習

上台演說或參加社交聚會，如果會焦慮緊張，可以做哪些事情來緩解壓力？除了喝點水、深呼吸、做些肢體伸展，還有一個很簡單的練習，那就是「正念行走」（mindful walking）。

你只需要一個瑜伽墊大小的空間，就可以進行這個練習。如果可以在戶外，尤其是公園綠地做這項練習，效果會更好。這個練習主要是把注意力放在腳上，去感覺每一步踏在地板上或瑜伽墊上的感受。這樣做，可以幫助紛亂的心智頭腦平息下來。

做這個練習時，請盡可能放慢你的腳步，能有多慢就多慢。一開始，先把重心移到左腳，抬起右腳的腳跟，接著整個右腳抬起，往前走一小步，然後把整隻右腳穩穩踩在地面上。此時，整個重心移到右腳。再來，換成左腳的腳跟離地，整個左腳抬起，往前走一小步，把整隻左腳穩穩踩在地面上。

走路時，請完全專注去感覺雙腳移動的每一個細微變化，還有一點很重要，請記得呼吸。

慢慢地做，不斷持續這樣的動作循環，無論走五分鐘、十分鐘或二十分鐘都可以，直到你的心穩定下來。

appendix

附錄二

TEDxSuzhou
年度大會講稿

言語的溫柔力量，是送給世界最美的禮物

講者／潘月琪（Mia Pan）

我很喜歡日本茶道有個「一期一會」的說法，意思是說，這次我們相見，很可能是這輩子最後一次見面，因為每次相聚的時光不會再重來，所以，讓我們用最珍惜的心情，跟彼此相處。

我從事主持工作已經超過二十年，這是一個大量跟人互動交流、說話的行業。仔細算一算，我訪問過的來賓應該有好幾千位了，跟許多來賓都是「一期一會」，我們就只見過一次面。

其中，有一位華人世界的戲劇大師，他的才華和地位就像西方喜劇泰斗卓別林一樣，他就是屏風表演班的創辦人李國修，我們都叫他「國修老師」。

二〇〇八年，國修老師為了宣傳新戲來上我的廣播節目，那天我們聊得非常愉

快，後來我們也沒有再見過面。但每年國修老師都會突然打電話給我，關心我最近忙不忙？有沒有繼續從事喜歡的寫作？

有一年，我面臨人生最低潮、悲傷、迷惘的時刻，因為我的父親過世了。國修老師對我說：「月琪，人生本來就是苦的，妳的父親現在離苦得樂，妳不要太難過，好好照顧自己，加油！」他一定不知道，當時那麼簡短的安慰，帶給我內心多大的溫暖支持的力量。

三年多前，國修老師罹癌過世，告別式在台北很大的花博公園，當天現場湧入三千多人紀念緬懷他。去年，國修老師的女兒結婚了，婚禮上最動人的時刻，就是播放了一段他在病榻前錄給女兒祝福的話。你可以想像他那時候身體已經非常虛弱，但他說：「妹子，妳好漂亮，我好愛妳！」這句「我好愛你」，道盡了一位父親對自己女兒最深的祝福，也是一份最珍貴的禮物。

這些年，除了國修老師，我有好幾位節目來賓也相繼離開人世，有時候我會重聽當年訪問他們的節目片段，聽的當下很奇妙，感覺他們從未離開過，還在我身邊。所以言語刻畫在心裡的記憶，並沒有因為時空的改變而改變，依然如此清晰。

分享到這裡，我想請問在座的你，如果有機會，你可以送給你心愛的人一份禮物，你會希望送什麼呢？

開始思考該送什麼禮物之前，我們先來想另一個問題，那就是到底我們一天說了多少話？根據英國國家語庫（British National Corpus）的研究調查，女性一天使用的字彙量大約是八千八百零五個字，男性少一點點，大概是六千零七十三個字。另外，美國亞利桑那大學做了另外一個統計，其實男女每天講話的字數差不多，大概是一萬六千字左右。但如果你的話特別多，或你的行業跟我一樣，可能一天會講到四萬七千字，或是更多。無論是哪一種研究結果，我們每天所說出去的話，和聽到的話，超乎想像得多。如果我們說出來的話，可以像國修老師那樣，帶給人溫暖、很正面鼓勵的力量，這不是一份很棒的禮物嗎？

現在，我們先把時光拉回一九九六年，那是我踏入傳媒業的第一年，也是台灣大小電台剛開放，最風起雲湧的時代。

漸漸地，我開始熟悉廣播的專訪，有機會訪問一位知名女藝人，她是歌手、演員，也寫過很暢銷的書。我非常期待可以訪問她，沒想到就在此時，媒體爆出她的緋聞事件，所有娛樂圈記者瘋狂地追逐著她，但我們的專訪還是如期進行。那天她依約前來，一身簡單的白上衣，很素淨的一張臉。剛進門的時候，她的神情有點疏離防備，聲音有點疲倦，但還是非常有禮貌。

今天如果你是我，是一個主持人，為了滿足你的好奇心，或是收聽率，你會直接問她緋聞事件的請舉手（詢問台下觀眾）？

我是這樣開始的。我先恭喜她出了新書，再從她新書的「愛情」主題切入。她開始娓娓分享，從小父母就不在身邊，她出道得很早，常常搬家，父親又過世得早，對她來說，親情已不可得，友情來來去去，所以在她的人生中，愛情就變得十分重要。

記得她告訴我，她最喜歡法國一位女作家，叫做瑪格麗特．莒哈絲（Marguerite Duras）。一般人到了七十歲，已經不敢去想像愛情的可能性，莒哈絲卻在七十歲高齡寫了一部半自傳式的小說《情人》，來緬懷她十五歲時的愛情。而幫她整理這本小說書稿的人，是個小她三十九歲的法國年輕男子，這位男子當年不但是仰慕她的讀者，也成為陪伴老年莒哈絲人生遲暮最後的戀人。

當我的女來賓告訴我這些故事時，哇！她的表情突然變了，就像漫畫裡的女主角，瞳孔會發出星星般的光芒，嘴角也柔和了起來。這時候我知道，我不需要赤裸直白地刺探她的緋聞事件，我已經可以想像她嚮往的愛情類型。

那一次我們聊天非常愉快，後來我們也沒有再見過面，但我一直記得那一天，我想，應該是我內心懷抱著一份體貼，我不希望為了收聽率，還有滿足自己一時的好奇心，說出讓對方覺得不舒服的話。也可能因為我眼神和言語所散發出來的善意，讓她願意敞開心扉，邀請我進入她的內心世界。因此，我得到一段比我預期更豐富的故事，也成就了一段很有內容的專訪。

或許你會好奇，為什麼我特別重視人與人之間交談的溫度？密西根大學Ethan Kross博士曾經做過一項實驗，發現「情緒傷痛」和「身體疼痛」在大腦區域的反應非常相似。所以，以後朋友告訴你：「我心碎了。」你會知道，那不只是文學的比喻用法，很可能他的心真的非常痛！

哈佛大學醫學院做了一個研究，如果父母對孩子說了很難聽的話，也就是所謂的「言語暴力」，在孩子大腦的區域會產生非常嚴重的損傷。影響的區域分別是負責管理情緒和記憶的「海馬迴」、還有負責思考和決策的「前額葉」，以及影響認知行為和感覺的「胼胝體」。

當你知道這一切的事實，你會希望自己說出來的話，是祝福的力量？一份禮物？還是傷人的武器呢？

當然，我們要每天都言語溫柔，這實在太困難了。因為我們常處在想要扯著頭髮怒吼、捶枕頭嘶吼的環境，就連我身邊那些平常舉止優雅、氣質高雅的好姐妹們，也常常被自己調皮的小孩老公氣到「河東獅吼」。

所以，要怎麼做到言語溫柔？我們可以做一個小小的實驗，我想請現場的朋友們，找一個坐在你附近的「左鄰右舍」，你可以不用找自己的老公，找別人也可以（笑）。因為情緒上的反應跟我們的臉部表情有連帶關係，我們嘴角和眼睛的深層肌肉是連動的，所以請你眼睛先不要有任何的表情，然後努力讓嘴展開笑容，彼此看一看，是不是覺得哪裡怪怪？是不是感覺不太真誠？

現在我們交換一下，你的嘴不要有任何表情，但努力用眼睛去表達你想傳遞的情緒訊息，你會發現其實不是很容易。

「眼神」和「笑容」是很重要的「非語言訊息」，所以想要展現言語的溫柔，不只要「說出」有聲的話語，還要同時運用眼神和笑容的正向表情，把溫柔的訊號傳遞出去。

請問一下，剛剛在互動當中，有沒有練習的對象是自己身邊親愛的人（詢問台下觀眾）？其實最挑戰我們「說話溫柔」的人，遠在天邊，近在眼前，就是我們親密的家人。

舉我媽媽為例，我的母親是一個來自農村、很堅強的傳統婦女，曾經過得非常辛苦。她說話的時候常常不自覺會有「不」這樣的否定詞，還有負面的形容詞。比方她明明燒得一手好菜，可是每次叫我們去吃飯，她會說：「怎麼不趕快來吃飯？是不是我煮得很難吃？」如果你是一個希望和孩子好好享受一頓晚餐的媽媽，你會怎麼說呢？或許你可以說：「媽媽今天煮了你好喜歡的糖醋排骨，趕快來吃。」同樣的目的，換個方式說，聽起來的感受是不是就很不一樣呢？

當然，我的母親也曾經說過至今我覺得最溫柔的話語。六年前，我的父親過世，我們母女有時候會回憶爸爸生前的點點滴滴。有天她突然說：「就算過去日子再怎麼苦，我從來不後悔嫁給你爸爸。」當她說這句話的時候，同樣有「不」這個字，但她的語氣聽起來好溫柔，好有力量！

近年來，我漸漸走出錄音室，開始自己旅行。旅行當中，有更多機會可以跟陌生人聊天對話。

兩年前，我走進荷蘭一間博物館，剛進去的時候，館方人員有點冷傲不理人，我跟他說：「你好，我來自台灣，聽說你們這間博物館非常棒，所以我一定要來參觀，我是特地前來的。」只見原本面無表情的工作人員，突然像日本富士山冬雪融化一般，馬上說：「小姐，妳真有眼光。」接下來我又很客氣地說：「我很想多了解這間博物館的歷史，不知道你們有沒有一些中文或英文資料可以給我做參考？」結果旁邊一位高大俊帥的男士，一轉身不見人影，過沒多久，捧了一大疊資料，一股腦兒塞給我，館方人員也突然從他的抽屜拿出一副語音導覽耳機：「小姐，這個給妳，不用錢，只有妳有。」我非常開心，不是因為省了兩歐元的租借費，而是我再次感受到言語溫柔力量所得到的回饋，當下我們的「一期一會」，有了美好的交流。

媒體常喜歡報導做大事、立大業那些很厲害的人，比方發射太空船到外太空，探測火星有沒有生命跡象，一不小心太空人就得留在那邊種馬鈴薯（註：靈感來自麥特．戴蒙《絕地救援》的科幻電影）；或某個CEO創辦了市值上千億美元的科技公司，或發明了很厲害的商品。我們誤以為必須做非常了不起的事情，才對這個世界有貢獻。但其實，我們每天只要說出一句感動人心、溫暖人心的話語，一年三百六十五天，我們就送出了三百六十五份禮物，三十年呢？我們就送出了超過一萬份禮物。不光是你身邊親愛的家人，事實上，跟你有緣短暫交會的陌生人，都會因此受惠，當然受惠最多的，會是你自己。

這個世界是由每一個你、你、還有你（手比向觀眾），由「我們」共同組成的，從今天開始，我想邀請各位，讓我們以後所說出來的每一句話，都成為一份溫柔的力量，成為你所心愛的、你所關心的世界，一份最美好、也最深刻的禮物。謝謝！

致謝

一朵花能夠綻放，除了自己努力向上，更需要陽光、空氣、水以及土壤裡的眾多養分。這本書得以出版，絕非憑一己之力可以達成，我想再借用幾頁篇幅，感謝所有啟發我、幫助我的人們。

我很幸運，在平凡和樂的家庭成長，感謝我的父母、哥哥、姐姐、姐夫和兩位可愛的外甥，讓我時常享受交談鬥嘴的樂趣。謝謝你們在風平浪靜時，任我自由翱翔；驚濤駭浪時，給我最大的溫暖與支持。

感謝曾經的電台主管及同事們，讓自小愛說話的我，有盡情揮灑的舞台，奠定日後面對任何挑戰所需的敏捷、談吐和應變能力。十多年的廣播主持職涯有太多精彩回憶，包括跟你們相處大笑而產生的魚尾紋。

感謝所有教過我的老師們，謝謝你們厚積薄發的教導指引，使我愛上文學、音樂、舞蹈、正念等各種學問。我私心認為，主持和教學在靈魂深處的意圖是一樣的，架起人們與知識間的橋梁，協助人們認識自己在此生的使命。至今，益發覺得能貢獻所學，並在教學中成長是件幸福的事。

感謝上過我節目的所有來賓，你們加深了我對世界的認知，打開我對言談的視野。謝謝你們願意分享寶貴的人生經驗，和你們互動對話，不只聽到精彩動人的故事，更見識到你們是如何發揮熱情，堅持走在所信仰的道路上，並且用吸引人的話語表達出來。

感謝邀請我工作的機構單位，謝謝你們的信任，讓我可以發揮所長，把眼中的美好世界與信念，向更多人展現。

感謝人生不同階段的好友們，我希望向你們學習聰穎、善良、正直、勇敢、幽默、創意以及所有益友的美好特質。謝謝你們接納我在情感上的纖細易感，為我的小小成就而歡喜，為我的偶爾委屈而動容。當我對寫作怠惰退怯時，鼓勵我千萬不能放棄。這本書能夠順利誕生，讓我們一起舉杯慶祝，期待今後可以時常歡慶。

感謝遠流出版社、編輯婉華、行銷企劃湘晴、美術設計Alan，以及讓這本書從無到有的幕後功臣們。尤其要感謝很快把我簽下的總編輯春旭，在「作家」這個角色上，我是緩緩爬行又充滿想法的新生兒，很開心能與春旭合作，謝謝妳給我許多寫作上的建議，用最大的耐心，包容我對文字和出版細節的雕琢要求。希望這本

《質感說話課》的內容與銷售成績，不負妳漫長的等待。

感謝我的學生們，無論你是上實體課，或透過雲端學習，你們上課時炯炯發亮的眼神，生動多元的提問與回饋，都深深鼓舞了我。謝謝你們讓老師享受教學的喜悅，有信心繼續分享言談美學，提醒自己學無止境，還有好多事值得探索。

衷心感謝為此書撰寫推薦序的好友薇薇、東龍、小芬老師、林隆璇大哥，以及百忙之中開心送上祝福並願意掛名推薦的宗龍、男哥、星合。男哥曾是我主持音樂會的演出嘉賓，其他幾位都曾上過我的節目，你們都是我心中質感表達的絕佳代表，很開心在因緣俱足之下，我們成為朋友，此書能有各位的「加持」，倍添光彩，下次我會懇請出版社多留幾頁，讓大家暢所欲言。（笑）

最後要感謝閱讀此書的你，衷心盼望這本書對你有幫助，今後能以嶄新的心情與眼光，重新看待、並享受「說話」這件事。

我們所說的每一句話，串起此生的軌跡，祝福我們都說出心中溫柔的話語，說出更有質感的人生，讓話語成為自己與他人最美麗的禮物。

謝謝大家！

月琪　寫於二〇二〇年初春早晨

國家圖書館出版品預行編目 (CIP) 資料

質感說話課：言語的溫柔力量，是送給自己和他人最美的禮物 / 潘月琪著 . -- 初版 . -- 臺北市：遠流，2020.05
面；　公分
ISBN 978-957-32-8762-9(平裝)
1. 說話藝術 2. 溝通技巧

192.32　　109004518

質感說話課

言語的溫柔力量，是送給自己和他人最美的禮物

作　　者：潘月琪
總 編 輯：盧春旭
執行編輯：黃婉華
行銷企劃：鍾湘晴
封面／內頁設計：Alan Chan

發 行 人：王榮文
出版發行：遠流出版事業股份有限公司
地　　址：100 臺北市中山北路一段 11 號 13 樓
客服電話：02-2571-0297
傳　　真：02-2571-0197
郵　　撥：0189456-1
著作權顧問：蕭雄淋律師
ISBN：978-957-32-8762-9

2020 年 5 月 1 日初版一刷
2024 年 1 月 24 日初版十二刷
定　　價：新台幣 340 元（如有缺頁或破損，請寄回更換）

遠流博識網
http://www.ylib.com
Email: ylib@ylib.com